La creciente mentalidad en esta nac[...]
cemos todo es totalmente perjudicial y [...]
espíritu igual que el ácido. Durante años he afirmado que si queremos ser ganadores debemos asumir responsabilidades. Es necesario
salir a cazar, matar algo, ¡y *luego* arrastrarlo a casa! La responsabilidad
individual puede que sea el camino duro, pero es el único que vale
la pena.

DAVE RAMSEY, reconocido escritor en la lista
de más vendidos del *New York Times* y presentador
de programas radiales de difusión nacional

Me lo merezco todo es un libro extraordinario que brinda al lector
una verdadera hoja de ruta hacia el éxito. Si usted quiere una vida
mejor a partir de hoy mismo, compre este libro.

DR. DANIEL G. AMEN, fundador de Amen Clinics
y autor de *Cambia tu cerebro, cambia tu cuerpo*

El doctor John Townsend ha escrito un libro útil y alentador
que nos ayuda a tratar con el problema de creer que lo merecemos todo, sea que veamos esta condición en otros o en nosotros
mismos. Superar esta forma de pensar no es fácil. Exige disciplina,
integridad y responsabilidad. Ese es el camino duro, pero es el único digno de seguir.

JIM DALY, presidente de Focus on the Family

Hay tantos ejemplos de la vida real basados en la experiencia de
John que refuerzan la idea de por qué el camino duro es el mejor
sendero y el modo en que Dios desea nuestro éxito. Más que un
libro para leer, esta obra es como enfrascarse en una conversación
con un experto «amistoso».

GARY DAICHENDT, exvicepresidente
ejecutivo de Cisco Systems

Comprar y leer *Me lo merezco todo* debería ser una de las decisiones más fáciles que usted tomará alguna vez. ¿Por qué? Porque todos necesitamos el mensaje revitalizador de John Townsend. No pierda la oportunidad de adquirir este emocionante e inmensamente práctico libro. ¡Le encantará *Me lo merezco todo*!

DOCTORES LES Y LESLIE PARROTT, autores de
Asegure el éxito de su matrimonio antes de casarse

No hay atajos hacia cualquier lugar al que valga la pena llegar. *Me lo merezco todo* está lleno de sabiduría, verdad, poder y principios que le ayudarán —tanto a usted como a quienes le rodean— a obtener verdadero éxito. Estuve esperando este libro y no pude soltarlo. Se trata de un mensaje novedoso para nuestra generación.

CHRISTINE CAINE, fundadora de The A21 Campaign

No hay tal cosa como «la opción fácil», pero mi amigo John Townsend ofrece remedios reales para la mentalidad moderna de que nos merecemos todo. *Me lo merezco todo* es un cambio de juego.

DR. KEVIN LEMAN, afamado escritor de
The Birth Order Book y *A la manera de un pastor* en
la lista de más vendidos del *New York Times*

El doctor John Townsend es uno de los principales psicólogos en el mundo moderno, por lo que su nuevo libro —*Me lo merezco todo*— ayudará a cientos de miles de lectores. Allí describe la manera difícil de desarrollar el hábito de hacer lo que es mejor, en lugar de lo que es más cómodo, a fin de lograr resultados que valgan la pena. En realidad, el camino duro se convierte en el más fácil para conseguir éxito y amor. Recomiendo en gran manera esta obra.

DR. PAUL MEIER, fundador de la cadena
nacional de Meier Clinics

El único lugar en que «éxito» viene antes de «trabajo» es en el diccionario. Cortar camino es un acceso directo a la pérdida... nada es gratis en esta vida. John ha enfocado uno de los problemas más apremiantes que enfrentan las familias, las empresas y la sociedad. Hemos levantado una cultura que cree que lo merecemos todo. *Me lo merezco todo* es una ilustración sencilla y una solución a esa epidemia.

C. KEMMONS WILSON JR., miembro de la familia
fundadora de los hoteles Holiday Inn

El doctor John Townsend ha abordado un efecto devastador de la desaparición de la responsabilidad personal en nuestra cultura: *creer que lo merecemos todo.* John proporciona las herramientas necesarias para identificar este problema y un sistema apropiado para enfrentarlo. *Me lo merezco todo* es una valiosa adición a nuestra fuente de recursos.

BILL YINGLING, expresidente y director
general de Thrifty Corp

John ha vuelto a demostrar una clara comprensión de la realidad que todos enfrentamos en cuanto a creer que merecemos algo. Con su explicación del camino duro en su novedoso libro *Me lo merezco todo,* nos enteramos de una senda a seguir, aprendiendo siempre a ser sensibles, a afirmar a otros de modo adecuado, a correr riesgos y a conocer el «por qué» siempre que hacemos algo.

GREG CAMPBELL, exvicepresidente y socio
de Coldwell Banker Corporation

ME LO
MEREZCO
TODO ←

ME LO MEREZCO TODO

TRIUNFAR HACIENDO LAS COSAS DIFÍCILES DE LA MANERA CORRECTA

DR. JOHN TOWNSEND

La misión de Editorial Vida es ser la compañía líder en satisfacer las necesidades de las personas con recursos cuyo contenido glorifique al Señor Jesucristo y promueva principios bíblicos.

ME LO MEREZCO TODO
Edición en español publicada por
Editorial Vida – 2016
Miami, Florida

© **2016 John Townsend**
Este título también está disponible en formato electrónico.

Originally published in the U.S.A. under the title:
The Entitlement Cure
Copyright © 2015 por John Townsend
Published by permission of Zondervan, Grand Rapids, Michigan 49530
All rights reserved.
Further reproduction or distribution is prohibited.

Editora en Jefe: *Graciela Lelli*
Traducción: *Ricardo y Mirtha Acosta*
Adaptación del diseño al español: *Grupo Nivo Uno, Inc.*

A menos que se indique lo contrario, todos los textos bíblicos han sido tomados de La Santa Biblia, Nueva Versión Internacional® NVI® © 1999 por Biblica, Inc.® Usados con permiso. Todos los derechos reservados mundialmente.

Todos los derechos reservados. Esta publicación no podrá ser reproducida, grabada o transmitida de manera completa o parcial, en ningún formato o a través de ninguna forma electrónica, fotocopia u otro medio, excepto como citas breves, sin el consentimiento previo del publicador.

Los enlaces de la Internet (sitios web, blog, etc.) y números de teléfono en este libro se ofrecen solo como un recurso. De ninguna manera representan ni implican aprobación o apoyo de parte de Editorial Vida, ni responde la editorial por el contenido de estos sitios web ni números durante la vida de este libro.

ISBN: 978-0-8297-6701-8

CATEGORÍA: Religión / Vida Cristiana / Crecimiento personal

IMPRESO EN ESTADOS UNIDOS DE AMÉRICA
PRINTED IN THE UNITED STATES OF AMERICA

16 17 18 19 20 DCI 9 8 7 6 5 4 3 2 1

A todos los que experimentan el camino difícil,
porque la vida funciona mejor de esa manera.

CONTENIDO

RECONOCIMIENTOS

A Elaine Morris, por las muchísimas y comprometedoras llamadas telefónicas que me ayudaron a mantenerme enfocado en el proceso de escribir;

A Sealy Yates, mi agente literario, por su continua excelencia colaborando con mi carrera de escritor y por su gran amistad;

A Sandy Vander Zicht, editora ejecutiva en HarperCollins Christian Publishing, por animarme a escribir con pasión e interés sobre este tema;

A Mark Schoenwald, presidente y director general de HarperCollins Christian Publishing, por su liderazgo y por su apoyo a este proyecto;

A Steve Halliday, mi entrenador literario, por sus perspectivas para hacer de este libro un todo integrado;

A mi esposa Barbi, por su amor, su presencia y sus sugerencias durante el proceso de escritura;

A mi grupo de hombres, junto con Greg Campbell y Scott Makin, por su firme apoyo en la creación de esta obra;

A los miembros del equipo del Programa de liderazgo Townsend por permitirme poner a prueba los conceptos y las experiencias en el material;

Al Instituto Townsend de liderazgo y consejería, por usar el contenido de este libro con el fin de preparar a otros en sus ámbitos de competencia;

A Christine Ames y Deana Vollaro, mis asistentes, por crear y seguir adelante con un itinerario de escritura que funcionara.

Y a otras personas que proporcionaron sus ideas y sus experiencias narrativas individuales, como: Dave Bradley, Dennis Del Valle, Dan Granger, Richard Halderman, John Hersker, Paul Rasa, Benny Townsend, Ricky Townsend, Bob Whiton, Brian Williams y Wayne Williams. Las perspectivas y la sensibilidad de ellos hicieron de este un mejor libro.

CAPÍTULO 1

ESTA ENFERMEDAD TIENE CURA

Dos historias, dos mundos distintos, el mismo problema.

Una pareja me contactó para tratar algunos problemas con su hijo de veinticinco años de edad que seguía viviendo en la casa de ellos. El muchacho había abandonado la universidad y estaba desempleado tras perder varios trabajos de salario mínimo. Se pasaba los días entretenido con los videojuegos, con sus amigos y en fiestas nocturnas. La pareja había intentado todo para conseguir que su hijo se motivara a seguir adelante en su vida. Habían hecho que unos amigos le hicieran entrevistas de trabajo y habían tratado de que se interesara en estudiar por Internet, pagando ellos los estudios. Después de más de año sin ningún cambio, estaban al borde de la desesperación.

Nos reunimos en mi oficina en el sur de California. El papá había conducido desde su oficina, usaba una camisa de cuello abierto, pantalones, y tenía una expresión de frustración. El hijo, en pantalones de mezclilla y camiseta, se sentó con los brazos cruzados. Su expresión facial y sus modales en general eran de indiferencia, como si manifestaran que nada de lo que se dijera aquí iba a importar. La mamá se sentó entre ellos, usando pantalones vaqueros y una blusa, y mirando con ansiedad a cada uno de sus dos hombres.

A medida que avanzaba la conversación, pronto se hizo obvio que los padres y el hijo no veían la vida del mismo modo. Es más, sus puntos de vista no podían haber estado más divididos.

Los padres se habían criado en un ambiente de clase media y habían logrado terminar la universidad. Los dos habían trabajado mientras criaban a su hijo. Creían que asumir responsabilidad hace que las personas sean mejores.

El hijo, en cambio, se había criado en circunstancias económicas mejores de las que sus padres habían disfrutado de pequeños. Sin embargo, aunque se le había dado más, él daba menos. No tenía ningún interés en trabajar, pero mucho en divertirse.

Cuando le pregunté acerca de su parte en la situación, habló en principio de querer seguir adelante con su vida. Afirmó que tenía planeado irse de casa y comenzar una carrera, pero que sus padres no tenían paciencia y no le brindaban el ánimo suficiente. Los culpaba por su falta de progreso.

—Si dejaran de molestarme y me apoyaran —aseguró—, se me arreglaría más rápido la vida.

Seguí haciéndole preguntas, tratando de poner al descubierto cómo se sentía *de veras*. Finalmente llegamos al fondo del asunto.

—¿Por qué tendría que irme? —exclamó.

Al preguntarle qué quería decir con eso, contestó:

—Todo está bien. Tengo una casa bonita y me divierto con mis amigos. El único problema es la actitud de mis padres. Si se tranquilizaran, todo sería fabuloso. *Soy su hijo. Están en deuda conmigo.*

Me recosté y miré a cada uno de los padres.

—El joven tiene razón en una cosa: En lo que a él respecta, todo está bien. Tiene una situación cómoda que le gusta y tiene que hacer poco para ganársela. Mientras piense que ustedes deben darle eso, es muy probable que nada vaya a cambiar.

Pasemos ahora a otro caso, una situación diferente, esta vez un escenario comercial. Consulté con una empresa que tenía una gerente de ventas enérgica y extrovertida, pero cuyo equipo simplemente no lograba cumplir las metas. Su gente tenía graves problemas de rendimiento.

La entrevisté en su oficina. La mujer tenía poco menos de cuarenta años, y vestía un sencillo y casual atuendo de negocios. Fotos de su esposo y sus hijos adornaban las paredes. Al principio de nuestra sesión se puso a la defensiva, e insistió en que su jefe no le había aclarado lo que esperaba de ella y que no le había provisto suficiente personal y datos para realizar de modo adecuado el trabajo. No obstante, yo ya había recibido información de parte de su jefe que demostraba que eso no era verdad. La compañía había hecho un buen trabajo dándole las mejores condiciones para que triunfara; ella simplemente no había producido.

—Usted es una persona muy relacional —le dije finalmente—. Creo que es amigable y afectuosa con los demás, y que trabaja duro. No obstante, al parecer ni usted ni su equipo están consiguiendo ventas. Las expectativas de la compañía...

—Sin embargo —me interrumpió—, ¿no debería eso ser suficiente? Soy una persona buena y amable. Mantengo la unidad en esta oficina con mis habilidades relacionales. Esta empresa quiere que deje eso a un lado y me convierta en una máquina de trabajo sin personalidad. *Merezco ser apreciada por lo que hago para la compañía.*

Dijera lo que dijera, no pude moverla de su posición en cuanto a que sus habilidades relacionales deberían bastar, aunque las ventas no se concretaran. Yo estaba consciente de que tenía que darle una dura evaluación al jefe.

La enfermedad universal

¿Ve usted el común denominador en estos dos incidentes? En ambos casos las personas preferían hacer las cosas a su manera y se sentían cómodas con sus decisiones. Tenían poco interés en desempeñar conductas difíciles que no les eran naturales.

Y las vidas de ambos personajes habían dejado de funcionar.

No obstante, *lo más importante en que coincidieron es que asumieron la actitud de que se lo merecían todo.* Esa situación es algo como lo que sigue: *Estoy exento de responsabilidad y deben darme un trato especial.*

Creer merecerlo todo es: El hombre que piensa que está por encima de todas las reglas. La mujer que se siente maltratada y exige que los demás la compensen.

Necesito que entienda por completo el concepto de creer que uno se merece todo, de tal modo que pueda reconocerlo y ayudar a otros a superarlo. No siempre es fácil de entender. Creer merecerlo todo *no* tiene que ver con la persona que padece necesidades o luchas por las cuales no puede valerse; ya que esta tiene una verdadera necesidad. Los individuos crónicamente enfermos como también los veteranos discapacitados a menudo tienen gran necesidad de ayuda, y debemos ayudarlos. Creer merecerlo todo tiene que ver con el individuo que puede valerse por sí mismo y, sin embargo, espera que otros cuiden de él, porque siente que le deben eso. Esto incluye al hijo adulto sano que sigue viviendo con sus padres y que se niega a trabajar, a contribuir al mantenimiento de la casa, e incluso a limpiar lo que ensucia. También puede incluir al trabajador que se aprovecha de los beneficios por discapacidad después que se ha recuperado.

Creer merecerlo todo *no* tiene que ver con la persona que se mantiene tratando de complacer a su jefe pero que carece de capacidades o de instrucciones claras de la administración para desempeñarse bien y que, por tanto, siempre obtiene malas evaluaciones laborales. Creer merecerlo todo *sí* tiene que ver con la persona cuyas malas evaluaciones laborales resultan por no querer dedicarse a su trabajo y que constantemente rinde poco, no por falta de habilidades o por no haber recibido instrucciones claras de la administración, sino simplemente porque no ve razón para hacerlo; cree merecer el sueldo por motivos totalmente ajenos a su rendimiento, y que la empresa tiene la suerte de contar con sus servicios.

Creer merecerlo todo *no* tiene que ver con el cónyuge que se siente impropio porque su pareja siempre está expresando su frustración con su matrimonio y con el papel que representa en este, aunque se esfuerce y quiera que la situación mejore. Creer merecerlo todo *sí* tiene que ver con el cónyuge que piensa que todo lo malo en su matrimonio es por culpa de su pareja y que, si esta no se amolda, podría terminar perdiéndolo. Puesto que él ya ha dado toda la aportación que el matrimonio necesita basándose tan solo en lo que *él* es, está totalmente justificado en que ahora se siente a esperar que su esposa arregle todo lo que está·mal, sin ninguna ayuda de parte de él.

Hay muchos ejemplos más, pero las muchas facetas de este concepto tendrán siempre al menos la mayoría de las siguientes características:

1. Creer que es especial: «Soy excepcional y, en realidad, tengo mayor valor en este matrimonio (o familia, o empresa) que los demás, y por eso merezco un trato especial. Tienen suerte de tenerme».

2. Creer que se merece algo: «Yo no creé esta situación... *son ellos* los que siempre están quejándose. ¿Por qué entonces debería hacer yo todo el trabajo o incluso parte de él? En lo que a mí respecta simplemente debo quedarme en mi oficina hasta que hayan limpiado el desorden. Y por eso mi bono debía ser mejor, no más pequeño, que el de los demás».

3. Negarse a asumir la responsabilidad: «¿Por qué quieren que yo pague renta? No pedí nacer. Además, esta casa seguirá siendo de ellos después que me mude. De todos modos no puedo pagar alquiler porque no tengo trabajo. Ninguno de los empleos sin ningún porvenir que hay por aquí vale la pena ni mi esfuerzo. Y tampoco hay razón de que yo deba lavar mi propia ropa, ya que si mamá lava de todos modos la suya y la de papá, simplemente puede lavar la mía al mismo tiempo. No es un trabajo extra».

4. Negar la influencia de uno en los demás: «A veces la falta de responsabilidad de mi esposo y mis hijos me molesta, por eso digo exactamente lo que pienso. Les estoy diciendo la verdad. No endulzo ni le bajo el tono a mi lenguaje, mi volumen, ni a cuánto tiempo hablo. Ellos reaccionan con

exageración a lo que estoy diciendo, ese es su problema. Estamos en un país libre, por lo que puedo decir lo que debo decir».

Cualquiera que sea lo que cause la sensación de creerse merecerlo todo, el resultado final es que la persona cree que no tiene que aceptar las reglas referentes a responsabilidad, propiedad y compromiso. El resultado final de esta actitud es previsible: La persona en esta condición se siente bien y vive mal, mientras que quienes la rodean se sienten mal por la situación pero tienen relaciones y carreras más exitosas.

Es tentador inventar excusas para nuestros seres queridos (o para nosotros mismos) que evidencien que creemos merecerlo todo, pero la única respuesta eficaz es asumir responsabilidad, no poner excusas. Las experiencias pueden *influir en que las personas* crean merecerlo todo, pero no *crean esta condición*. Muchos individuos que aun cuando han sufrido bastante en la vida, que experimentan pobreza, maltrato infantil y caos, asumen la responsabilidad de sus vidas y sus decisiones sin culpar a nadie. También hay individuos que lo han tenido todo (amor, apoyo, oportunidad) que sin embargo se ven como si la vida, la sociedad y quienes los rodean «estuvieran en deuda con ellos».

Esto es importante para saber si usted tiene a alguien que crea merecerlo todo. Quizás se sienta responsable por la parte que podría haber jugado en influenciar esa actitud, o tal vez simplemente sienta compasión por las circunstancias de esa persona. Sin duda es posible que usted haya cometido equivocaciones en la relación con esa persona. Es posible que la vida haya sido complicada para este tipo de individuos. Pero esas equivocaciones, esas complicaciones de la vida, no crean de modo irresistible una actitud que les haga creer que lo merecen todo; de ser así, entonces todas las personas que experimentaron tales situaciones enfocarían la vida con una actitud semejante, y no lo hacen. En algún momento de la vida los seres humanos deciden creer merecerlo todo. *Se* encaminan hacia un punto de vista de beneficios. ¿Por qué? En última instancia se debe (al menos en la perspectiva de ellos) a que se trata del «camino fácil».

Vemos la palabra *merecer* en todos los medios de comunicación: cuando las estrellas de cine se portan mal, cuando los matrimonios se van al sur o cuando un joven exhibe un egoísmo extremo. Se puede hallar gran cantidad de ejemplos de esta mentalidad en familias, negocios y hasta en la iglesia. Creerse con derechos, o creer merecerlo todo, tiene profundas consecuencias negativas:

- Empresas que deben tratar con empleados desmotivados

- Padres enfrentados a criar hijos egocéntricos

- Relaciones de pareja que no funcionan debido a que se asume una actitud de que «soy especial, por lo que merezco mucho más de lo que me estás ofreciendo»

- Adultos jóvenes que se niegan a crecer y que, por lo tanto, no van a ninguna parte

- Líderes que esperan trato especial debido a su posición, no a su carácter

- Matrimonios que se destruyen por el narcisismo de uno de los cónyuges

- Ministerios manejados por un liderazgo elitista

- Profesionales que vagan de empleo en empleo en busca de un lugar donde los vean como las *lumbreras* que consideran que son, sean productivos o no

En resumen, creer merecerlo todo se ha convertido en un problema grave en nuestra sociedad, y no está mejorando. Es imposible calcular su costo en referencia a la falta de productividad empresarial, el éxito familiar, el amor relacional, la salud emocional y la vitalidad espiritual. Nuestro mundo sufre en gran manera de una cultura que apoya la exigencia de los derechos y los privilegios.

La condición no se limita a ninguna edad o sector demográfico socio-económico. En mi consultoría organizacional y mi asesoramiento psicológico he trabajado con individuos en sus ochenta que con mucha seriedad creen merecerlo todo, así como también con jóvenes muy responsables en sus años de adolescencia. El mal alcanza gran escala.

Tampoco la frase *creerse con derechos,* o *creer merecerlo todo,* como la estoy usando en este libro, tiene algo que ver con programas políticos o gubernamentales. En algunos círculos la expresión se ha convertido en una abreviatura para obtener beneficios por parte de quienes podrían merecerlos o no. En todo este libro olvídese por completo de ese significado. Me estoy refiriendo a algo totalmente distinto, algo que es muy probable que afecte tanto la crítica de los programas de gobierno como a los beneficiarios de dichos programas.

El reto de vivir con alguien que cree merecerlo todo

Muy a menudo encuentro tres emociones entre aquellos que tienen a alguien que cree merecerlo todo. Las tres son difíciles y negativas:

Aislamiento. No es fácil estar con este tipo de individuos. Sus actitudes y sus conductas producen consecuencias que ninguno de nosotros quiere experimentar. La gente que vive alrededor de un empleado, un compañero de trabajo, un cónyuge o un niño que se siente «por encima de los demás» generalmente se siente desconectada y aislada del individuo que se cree con tales merecimientos. A todos nos resulta difícil relacionarnos con alguien que se cree superior en alguna manera al resto de la humanidad y que, por lo tanto, no tiene que atenerse a las reglas. Un padre me dijo: «Recuerdo haber estado lleno de mí mismo en mis veinte. Pero me preocupó el modo en que influía en mis amigos y familiares. El nivel de actitud pretenciosa de mi hija es algo totalmente distinto a lo que puedo relacionar. Su conversación no lleva a ninguna parte. A ella simplemente no le importa cómo nos afecta en la familia, mucho menos cómo está afectando su propio futuro».

Ira. ¿Qué enseña la Biblia acerca de las responsabilidades diarias de la vida? «Que cada uno cargue con su propia responsabilidad» (Gálatas 6.5). Dios espera que gastemos tiempo y energía llevando nuestras cargas de la responsabilidad para con la familia, las finanzas y otros retos. Así es como funciona una vida exitosa. Sin embargo, ¿qué sucede cuando alguien en nuestras vidas casi no asume su propia responsabilidad, dejando que los demás compensen la diferencia? Eso hace que nos sintamos enojados, lo cual es sensato. Sentimos que no todo «está bien», porque en realidad *no lo está.*

Hoy, mientras llenaba el tanque de gasolina de mi auto en una estación de servicio, un adolescente manejaba increíblemente rápido por una calle lateral en una cuadra. De un semáforo a otro, casi en cien metros, las llantas chirriaron y el silenciador rugió. Luego el insensato se detuvo, miró alrededor y sonrió a los asombrados transeúntes. Sentí ira. Ellos también. Y usted también la habría sentido.

Sensación de impotencia. Vea si esto le parece conocido: Una y otra vez durante su vida, usted habla respecto a cierta situación problemática con alguien que cree merecerlo todo, pero no ve ningún cambio. Después de unas cuantas tentativas experimenta una sensación de impotencia. Es como si todos sus intentos no consiguieran nada. A menudo las personas se sienten como si sus advertencias y argumentos razonados, con todo su cuidado amoroso, cayeran en oídos sordos.

Encuentro mucho esa sensación de impotencia en padres, empleados y cónyuges. Comentan que han tratado toda técnica y estrategia que conocen. Están a punto de acabar la relación y alejarse. Aunque en ocasiones alejarse *es* lo mejor, la mayoría de las veces es la sensación de impotencia la que motiva la decisión de irse, sea esta la mejor opción o no. Este libro le dará algunas opciones más.

Ínfulas intrínsecas

He estado describiendo un conjunto de actitudes y comportamientos negativos que nos afectan a todos.

Todos nosotros exhibimos algún nivel de estas actitudes en cuanto a creer que lo merecemos todo, por responsables y generosos que seamos. Es sencillamente parte de la condición humana. A esto llamo ínfulas *intrínsecas*. Yo las tengo y usted también. Más adelante, en este libro, mostraré cómo tratar con tal situación. El mal nos afecta a todos, aunque afecta a unos más que a otros.

Esta obra fue escrita principalmente para ayudar a sus seres queridos y relacionados que lidian con la condición de que se «lo merecen todo». No obstante, debido a que *todos* luchamos de alguna manera con ese mal (porque todos batallamos con esas ínfulas intrínsecas), usted descubrirá que muchas secciones del libro enfocan los problemas de un modo más general, por lo que están dirigidas tanto a usted como a mí y a los que deseamos ayudar. En realidad, todas las partes de la obra son igualmente aplicables a aquellos de nosotros con deseos de limpiar nuestras propias acciones, así como también a los niños, cónyuges y compañeros de trabajo a quienes queremos guiar para que traten con sus propios problemas creyendo que se lo merecen todo.

Ingrese al «camino duro»

Existe una solución al problema de creer que lo merecemos todo, la cual llamo el «*camino duro*», y representa la cura a esta situación. Es una senda constituida por comportamientos y actitudes que deshacen los efectos negativos de creer que lo merecemos todo, ya sea en nosotros mismos como en otras personas.

He aquí mi definición del «camino duro»:

> *El hábito de hacer lo que es mejor, en lugar*
> *de lo que es cómodo, con el propósito de*
> *conseguir resultados que valen la pena.*

Cuando consideramos algo meritorio, como una carrera o un sueño financiero, una gran familia o un gran matrimonio, o un objetivo de cuidado personal, tenemos dos maneras de conseguirlo. Creer que lo merecemos nos lleva al mínimo esfuerzo, a encontrar el sendero más corto, y a pensar únicamente en nosotros. El camino duro sigue la senda opuesta. Este hábito se centra en hacer lo que sea mejor para lograr el objetivo bueno, *aunque sea difícil, incómodo, lleve más tiempo y requiera más energía.*

¿Parece difícil? Sí, porque lo es. Es difícil despertarse temprano en la mañana y hacer ejercicio. Es difícil llegar a tiempo al trabajo. Es difícil pasar horas al día introduciendo datos cuando se es una persona creativa. Es difícil pensar con creatividad cuando somos más lineales. Es complicado tener conversaciones difíciles, enfrentar conflictos agobiantes, y realizar una y otra vez las mismas acciones que se requieren para lograr el éxito. Tal como afirma el dicho, por algo se le llama trabajo. Pero vale la pena, así como una buena siembra produce una buena cosecha.

¿Está usted oyendo ecos bíblicos en estas palabras? Eso se debe a que se trata de un concepto altamente escritural: «Entren por la puerta estrecha. Porque es ancha la puerta y espacioso el camino que conduce a la destrucción, y muchos entran por ella. Pero estrecha es la puerta y angosto el camino que conduce a la vida, y son pocos los que la encuentran» (Mateo 7.13-14).

Si tenemos una relación difícil con una persona o un grupo que cree merecerlo todo, o incluso si hemos descubierto tal condición en nosotros, entendamos esto: No tiene que ser así. Los principios del camino duro *funcionan*. Los he utilizado en muchas y cantidad de situaciones y relaciones. Es más, los dos ejemplos citados al inicio de este capítulo resultaron muy bien cuando los individuos que creían merecerlo todo aplicaron los principios y las técnicas que se describen en este libro. Los pasos son tanto prácticos como eficaces. Si la persona que cree merecerlo todo tiene poco interés en cambiar, entonces desde luego que no podemos obligarla a cambiar... pero aquí hallamos ayuda que nos permite tratar con la situación.

Dios creó el camino duro, y lo vive. A todo lo largo de la Biblia él hace lo mejor, aunque sea algo difícil. Nunca lo evita. El mejor ejemplo de esto se ve en Jesús, que padeció y murió por ninguna otra razón que su amor por un mundo que no lo quería: «Por cuanto el Señor omnipotente me ayuda, no seré humillado. Por eso endurecí mi rostro como el pedernal, y sé que no seré avergonzado» (Isaías 50.7). Al endurecer el rostro como el pedernal, Jesús enfrentó un camino más difícil que el que alguna vez hemos tenido que enfrentar y creó una senda para que todos seamos redimidos y vivamos.

A fin de cuentas, el camino duro es simplemente el camino de Dios. Es así como hace funcionar al mundo, como expresa sus propios valores y como toma decisiones que nos afectan. Incluso podríamos llamarlo la senda de los justos, porque es la manera correcta y buena de vivir: «Así andarás por el camino de los buenos y seguirás la senda de los justos» (Proverbios 2.20). Los caminos de Dios nunca nos fallarán, aunque nos puedan hacer sentir incómodos por un tiempo.

La promesa

Cualquier libro que recomiende «el camino duro» como una cura para creer que lo merecemos todo necesita una gran promesa, por tanto hela aquí: Si aprendemos los principios de este libro y los vivimos, experimentaremos varios resultados positivos:

- *Una senda para alcanzar nuestros propios sueños y metas.* Esta es la mejor manera de llegar a donde necesitamos ir.

- *Relaciones de mejor calidad.* Los que andan por el camino duro atraen a buenas personas y tienen una buena influencia en los individuos que creen merecerlo todo.

- *Una aclarada carrera y dirección de trabajo.* El camino duro nos proporciona gran concentración y energía.

- *Una forma de enfrentar y resolver retos.* Sea que nuestra propia actitud ante la vida esté centrada en creer que lo merecemos todo o no, la vida nos presenta situaciones difíciles, por lo que estos principios nos ayudarán a evitar que nos salgamos del camino.

- *Mejor cuidado personal y equilibrio en la vida.* Aquí encontraremos los hábitos necesarios para estar sanos y satisfechos.

- *Crecimiento espiritual.* Dios se acerca a quienes siguen su camino duro.

El uso que hago de la frase *camino duro* podría sugerir que hay otra cara de la moneda, un camino fácil. Pero, en realidad, no existe ningún camino fácil; al menos en el sentido de una vida de comodidad y desprovista de esfuerzo y de luchas. Tan solo existe el camino duro... y el camino más duro. Usted no querrá este último puesto que va a parar al fruto podrido de creer que lo merece todo, el cual en última instancia le fallará. No desarrollará las habilidades de carácter ni las relaciones necesarias para convertirse en la persona que Dios desea que sea. No podrá amar a aquellos que le pueden amar bien. No podrá triunfar en las tareas y las misiones que Dios ha preparado para usted.

Escoja el camino duro. En realidad, se trata del camino correcto.

CAPÍTULO 2

LA HISTORIA MÁS PROFUNDA

UNO DE MIS CLIENTES ES un próspero dueño de negocio con un historial creyendo que se lo merece todo. Cuando era joven pensaba que merecía un trato especial, se consideraba mejor que los demás y, en general, hacía que fuera difícil estar a su lado. Era mucho más que un payaso del tipo molesto (aunque también era eso). Se burlaba de las reglas escolares e irrespetaba e insultaba a los maestros. Por lo general, las fiestas que organizaba se salían de control. Cuando por último fue arrestado con una grave acusación, se puso a la defensiva y les echó la culpa a todos menos a sí mismo.

Sin embargo, hoy se le conoce como un jefe compasivo y muy trabajador, apreciado y respetado.

—Estoy escribiendo un libro sobre cómo curar en nuestra cultura la creencia de que lo merecemos todo —le confesé—. Como alguien que se ha recuperado de eso, ¿cuál es la clave para usted?

Reflexionó por unos instantes.

—La vida tuvo que maltratarme mucho —respondió.

Consciente de su pasado, concordé con él. Ese hombre había sufrido pérdidas relacionales, épocas económicas difíciles y falta de respeto por parte del público antes que finalmente las cosas cambiaran. Sin duda alguna, fue muy maltratado.

—No creo que solo se trate de eso —repliqué—. Conozco muchos individuos a los que la vida ha maltratado mucho pero que aún están totalmente absortos en sí mismos y que se complican las cosas tanto para sí mismos como para los demás.

—Es verdad —declaró—. Mucha gente que conozco se ha estrellado peor que yo y, sin embargo, todavía no entienden qué está pasando.

—Creo que la segunda clave para usted —opiné—, fue que en algún momento *definió lo que había contribuido a su desdicha y que usted era la clave para eliminarla.* Dejó de negar, culpar y poner excusas, y miró al individuo en el espejo. Allí es cuando todo comenzó a cambiar. Fue algo más que su sufrimiento; fue la manera en que interpretó la causa de su sufrimiento. Eso es lo que ocasionó el cambio. Un dicho declara que «cambiamos cuando el dolor de permanecer en la misma desgracia es mayor que el de cambiar». Usted llegó a ese momento crítico y decidió que había llegado la hora de cambiar. Sin embargo, no todo el mundo hace eso; mucha gente permanece en el dolor, sigue golpeándose la cabeza contra el muro de la realidad o, de lo contrario, alguien permanece rescatándola de ese dolor».

—Eso es más o menos lo que me sucedió —admitió él—. Con el tiempo mis padres y mis amigos decidieron no permitir mi mal comportamiento; de modo que, al enfermarme debido al dolor, surgió mi momento crítico. ¡Si tan solo hubiera hecho eso antes!».

Por qué debemos saber cómo

Mi cliente es un ejemplo clásico (y conozco muchos) de la persona que cambia de vida abandonando sus exigentes actitudes y comportamientos en cuanto a sus derechos y privilegios. Sea que usted esté sufriendo los efectos de su propia actitud creyendo que lo merece todo o que se sienta perjudicado por similares conductas y actitudes de otros, ¡hay esperanza! Con los años he aprendido lo que funciona, lo que ayuda y lo que marca la diferencia. Este libro recoge la sabiduría obtenida durante esos años.

Sin embargo, en primer lugar creo que es importante comprender qué *ocasiona* la creencia de que uno se lo merece todo. Si reconocemos el proceso que crea esta mentalidad venenosa estaremos a mitad de camino. En medicina, un buen diagnóstico es la mitad de la cura. Este capítulo explica cómo acabar con la enfermedad de creer merecerlo todo; el resto del libro explica cómo curarse usted y cómo sanar a otros. ¡Ayude a evitar que la infección se propague!

La mejor manera de influir en una familia, un negocio, una iglesia o una nación es a través de los individuos. Cuando estos ven la realidad, entienden lo que la vida requiere, y se sienten motivados y con recursos para crecer y cambiar, el mundo entero cambia. Jesús lo consiguió con doce individuos comunes y corrientes. Por tanto, cuando usted lea acerca de la cultura de los derechos y merecimientos personales, recuerde que la actitud que estamos analizando en este libro infecta a gran cantidad de seres. Ayude a cambiar —en los individuos que lo rodean— las actitudes de creerse con merecimientos y contribuirá a transformar toda la cultura.

He aquí otra razón para incluir este capítulo. Lo escribí *para que su frustración e irritación con los individuos que creen merecerlo todo no lo lleven a renunciar a ellos*. En mi trabajo me topo con gran cantidad de actitudes y problemas de personalidad, y de todos estos comportamientos la posición de creer que merecemos todo crea la principal impaciencia en los que se encuentran alrededor de quien muestra tal conducta. No es divertido estar cerca de hombres y mujeres que creen que lo merecen todo. Es difícil que el mensaje llegue a estos individuos que muestran poca preocupación por el impacto negativo que tienen en los demás. Creer que lo merecen todo destruye relaciones y matrimonios. Aísla. Cuesta mucho dinero a empresas, a menudo mediante mala ética laboral y carencia de enfoque. ¡No es de extrañar que nos llenemos de gran irritación, frustración e impaciencia!

Cuando comencé a trabajar en este libro, observé la evidencia de tales sentimientos de enojo. Las personas oían hablar de mi proyecto y decían: «¿Cuándo sale? ¡Lo necesito AHORA! Estoy muy cansado de la desidia y el egoísmo. ¿Cuándo podré conseguir su libro para mi empresa, mi familia, mis hijos, mis amigos?». Nunca había escrito un libro cuyo tema generara una reacción tan intensa.

Dicha reacción venía principalmente de aquellos que trabajan muy duro, se esfuerzan por ser muy responsables, hacen cosas que no les gustan para asegurarse de que la familia, el negocio o la organización mantengan su estabilidad... y luego miran a otros que no se esfuerzan. Con esfuerzo, amor, dinero o tiempo, *alguien* tiene que trabajar más duro para compensar esa desidia. Es natural que tal desequilibrio cause profundo desánimo y resentimiento.

Es justo y natural sentir profunda preocupación por cómo alguien a quien usted ama está desperdiciando tiempo y energía valiosos, destruyendo relaciones, socavando sus trabajos, etc. Casi todos podemos enumerar una lista de personas que atendemos, de las que nos preocupamos, y cuyas vidas o se están destruyendo o simplemente no alcanzan su potencial debido a sus actitudes de creer que lo merecen todo sin esforzarse.

Mi asistente literario en esta obra me brindó un gran consejo que dio forma a la manera en que enfoqué el material: «No escribas un libro en que pongas el dedo en la llaga y que haga que las personas se frustren aun más y se sientan más impotentes. Describe el problema, pero ofrece soluciones y esperanza». Lo mismo se puede decir de nuestras reacciones con las personas a nuestro alrededor que creen merecerlo todo sin esforzarse. Nos es más fácil señalar con el dedo, regañar y condenar, pero eso no nos lleva a ninguna parte. Al contrario, proporcionemos esperanza. Brindemos soluciones.

La muy merecida irritación que usted siente ante la exigencia de derechos y privilegios no es una solución; en realidad, tiende a alimentar su impaciencia y frustración; incluso puede estimularlo a tomar impulsivamente la decisión de abandonar la relación o despedir al empleado. Y esa no es una decisión que se deba tomar de manera impulsiva o bajo el calor del enojo.

No permita que esta actitud lo supere. Al contrario, «no te irrites a causa de los impíos ni envidies a los que cometen injusticias»

(Salmos 37.1). Los principios de este libro le ayudarán a sentir más poder, más esperanza e incluso más paciencia.

El caso de la compasión

Todos podemos llegar a ser más compasivos en nuestro trato con otros, incluso con los individuos más afines que se creen merecerlo todo. He aquí tres razones para hacer eso:

1. No todo es culpa de ellos. Creer que se merece todo no viene únicamente de las decisiones o actitudes del individuo sino también del ambiente relacional en que se crió, en especial las relaciones clave que lo afectaron en gran manera. Concluir sin reflexionar que una persona «simplemente es así» o que «decide ser malcriada» oculta parte de la verdad. También es importante reconocer las causas subyacentes a ese sentimiento de creer merecerlo todo.

¿Significa esto que debemos excusar la conducta del individuo que cree merecerlo todo? De ningún modo. Todos somos responsables de esa condición en nosotros, totalmente, cien por ciento, sin importar las causas. Una *razón* no es una *excusa*. Somos miembros de una humanidad tanto pecadora como contra la que se ha pecado.

2. En cierta medida, todos creemos que lo merecemos todo. Cada uno de nosotros padece esta enfermedad, con varios grados de severidad. Todo el mundo tiene cierta sensación de «que se le debe algo», o de que es «mejor que los demás». Esta es una parte desafortunada de nuestra condición humana, una parte de la caída de la gracia que experimentaron Adán y Eva.

Hago una distinción entre lo que llamo ínfulas intrínsecas y *globales*. Las ínfulas globales impregnan todas las actitudes y los comportamientos del individuo, sin que importe lo que esté haciendo o diciendo. Si usted sigue durante una semana a alguien con ínfulas globales observará estas presunciones en muchas de sus conversaciones y citas con otros. Se evidenciaría a la hora del café en Starbucks, en una asignación laboral, a través de un incidente en la iglesia, en una discusión en casa. Esta persona simplemente no puede ver más allá de sus propias narices y de su propia sensación de ser especial. Este es un caso difícil de los que creen que se lo merecen todo.

Pero muchos luchamos con esas actitudes en *contextos específicos* de vida, no en toda situación sino en algunas. Por eso, a esta categoría la llamo *ínfulas intrínsecas*. Afectan solo algunas áreas de la vida y casi nunca aparecen en las otras.

Por ejemplo: tengo un amigo que es alguien con quien es divertido estar y es un buen padre. Pero un día visité su empresa y vi a otro ser totalmente distinto. Era exigente y autoritario, como si el rey interior hubiera emergido. Sin embargo, cuando regresamos a su casa se convirtió en el mismo sujeto antiguo.

Cuando le pregunté al respecto se sorprendió. Estaba totalmente inconsciente de sus ínfulas intrínsecas, quizás debido a que nadie lo había observado en ambos aspectos de la vida.

A veces las ínfulas intrínsecas emergen durante momentos de estrés. Hace poco, mientras me hallaba en una parada aeroportuaria en viaje a una empresa importante, tales ínfulas se hicieron evidentes en mí. Yo estaba revisando un montón de láminas, y tenía que responder llamadas telefónicas y correos electrónicos urgentes. Cuando escuché por el sistema de altavoces que mi vuelo estaba retrasado, recuerdo con claridad haber pensado: ¿*Me están tomando el pelo? Soy una persona decente y trabajo duro. Hay un equipo ejecutivo esperándome, anhelando mi aportación, dependiendo de mí. ¡Simplemente no merezco esto ahora!* Creí que merecía una oportunidad debido a la naturaleza crítica de mi trabajo y lo duro que laboro en ella. *Ellos deberían conseguirme un asiento en otro avión ahora mismo.*

¡*Qué* arrogante fue *aquello*! Una situación estresante había convertido mis *ínfulas intrínsecas* en fuertes exigencias.

Así que antes de permitir que usted se sienta demasiado frustrado e irritado con la persona que cree merecerlo todo, recuerde que primero debe sacar la viga de su propio ojo (Mateo 7.5). El virus nos ha infectado a todos, casi desde el mismo principio.

3. El cambio ocurre solo en presencia de la compasión. Por ensimismado o demandante que sea el individuo, la compasión puede cambiar las cosas; en realidad, ningún cambio perdurable ocurrirá sin ella. Si estamos tratando de ayudar, tendremos que estar «para» esa persona: para su bienestar, para su éxito, así como también para su crecimiento y transformación. Todos necesitamos la gracia de conocer a alguien que esté en nuestro equipo.

Una empresa me pidió que ayudara a resolver un conflicto importante entre uno de los mejores vendedores y su gerente de ventas. Este vendedor rendía en gran manera y habitualmente dirigía al equipo en la productividad. Por desgracia, también era arrogante y no sabía trabajar en equipo. No cedía información ni ayudaba a otros.

La gerente de ventas estaba preocupada por la actitud de su vendedor estrella, que se creía que lo merecía todo y por las repercusiones de tal conducta en el equipo. Pero ella misma tenía conflictos con lo que pensaba al respecto. En su caso, este problema se evidenciaba en su reacción ante el egocentrismo de otros. Si se quería provocar enojo y frustración en la gerente de ventas, lo único que tendría que hacerse era producir actitudes narcisistas en los demás.

Como resultado, aunque sabía con claridad cómo pretendía que las actitudes del vendedor cambiaran, lo cuestionaba siempre y era muy crítica con él. La escalada de hostilidades entre los dos afectaba a toda la empresa.

Cuando hablé a solas con el vendedor, pude ver que en realidad tenía una mala actitud. Su creencia de que lo merecía todo era real. Pero cuando le dije: «Parece como si ella no hubiera tratado de ver lo duro que usted trabaja y lo difícil que es todo esto», se le llenaron de lágrimas los ojos.

«Sé que puedo ser un idiota —declaró—. Pero si ella solo dijera algunas cosas buenas de vez en cuando, eso ayudaría».

Y eso fue lo que ocurrió. Aunque la gerente siguió insistiendo en que él mostrara más esfuerzo en equipo, también se dedicó a preguntarle acerca de su vida y afirmarle su buen rendimiento. Con el tiempo la actitud de él mejoró mucho y el departamento se recuperó.

Si el enfoque en ayudar a las personas que conoce y que tienen una mentalidad que creen que se merecen todo es escaso de compasión, ellas lo sentirán y reaccionarán en contra. Gran parte de este libro trata con cómo ayudar a esa persona que globalmente se cree con privilegios, pero usted *siempre* tendrá que comenzar con compasión si sus esfuerzos han de producir fruto. ¿Recuerda que alguien le haya dicho que es usted crítico, intolerante, impaciente, duro o condenador? Antes de que atribuya esas declaraciones a falta de voluntad para oír la verdad por parte de quien las hizo, revísese sinceramente el corazón. Vea si está trasmitiendo aceptación, que es la compañera de la compasión: «Por tanto, acéptense mutuamente, así como Cristo los aceptó a ustedes para gloria de Dios» (Romanos 15.7). De todas las personas en el mundo, quienes pertenecemos a Cristo debemos ser los que más aceptemos a otros, ya que hemos experimentado la gracia que con tanta urgencia el mundo necesita.

Patrones relacionales que nos impulsan a creer que lo merecemos todo

Las relaciones humanas, sean personales o profesionales, influyen fuertemente en el sentimiento de creer merecerlo todo. Los padres, los miembros de la familia, los cónyuges, los amigos, los compañeros de trabajo, los colaboradores en la iglesia y los vecinos representan, todos ellos, un papel. Somos el producto de las relaciones en las que invertimos, así como de las decisiones que tomamos.

Gran parte de cualquier sistema de crecimiento, sea entrenamiento en gerencia, discipulado en la iglesia, consejería, asesoramiento o interacciones familiares, debe incluir lo que denomino *preparación contra creerse merecedor de todo.* ¡Ningún curso universitario tiene que enseñarnos cómo creernos superiores a los demás! Desde una edad temprana conocemos de memoria las lecciones en cuanto a creer que lo merecemos todo, por lo que necesitamos poco entrenamiento al respecto. En lugar de eso tenemos que *des*aprender nuestra creencia natural de creer que merecemos todo sin esforzarnos.

Crecer en el camino duro significa aprender que las preocupaciones y los sentimientos de los otros son sencillamente tan importantes como los nuestros. En efecto, aprendemos que así como somos amados debemos, a cambio, amar a los demás: «Nosotros amamos a Dios porque él nos amó primero» (1 Juan 4.19). Todo el cuidado, el apoyo, la gracia y la estructura que recibimos de fuentes saludables suelen usarse luego para hacer del mundo un mejor lugar cuando servimos, damos y nos sacrificamos.

Consideremos los patrones principales que originan que creamos merecerlo todo. La mayor parte del tiempo implican formas disfuncionales de elogiar, premiar, corregir y establecer consecuencias para la mala conducta.

Los problemas de los elogios y los premios

A veces premiamos (por medio de acciones) y elogiamos (a través de palabras) a nuestros cónyuges, empleados, hijos y amigos en maneras que en realidad pueden perjudicarlos, aunque en el momento parezca algo bueno porque se lo ve como algo positivo. Pero lo que *parece* positivo no siempre es lo mejor. Una rebanada o dos de pizza es algo positivo, pero cuatro pueden causar problemas. Estos enfoques poco sabios de premio o elogio, aunque bien intencionados, crean fruto malo. Recuerde que estos son patrones, no acontecimientos aislados. Hacer estas cosas de vez en cuando podría estar bien, pero cuando se convierten en tendencias arriesgan a que se alberguen actitudes que crean merecerlo todo.

1. Elogiar lo que no implica esfuerzo. Los premios y los elogios son más eficaces cuando se enfocan en un logro que toma tiempo y energía. La mayor**ía de las veces,** cuando el elogio es más eficaz, ese logro debe abarcar el carácter o maquillaje interior del individuo. Elogiar reiteradamente a una niña pequeña por ser hermosa la pone en un aprieto. Lo que ella escucha es: *Lo que me hace amada es algo de lo que no puedo hacer mucho al respecto.* También oye: *Mi interior no es importante, solo mi exterior.* Todos conocemos personas, especialmente mujeres, que han recibido ese tipo de trato. ¿Qué les sucede a muchas de ellas cuando sus cuerpos envejecen con el tiempo? Se desesperan por volver a parecer jóvenes, ya que eso es lo único que les ha traído amor y aceptación.

¿Cómo se sentiría esa niñita si en cambio oyera: «Te esfuerzas realmente mucho y haces una buena labor en la escuela», ahora que recibe el elogio? Sin duda aumentará su diligencia, respecto de la cual ella puede hacer *mucho.* Aunque con el tiempo su aspecto decaiga, su carácter no decaerá. Su carácter crecerá, florecerá y se volverá incluso más hermoso en toda su vida.

2. Elogiar lo que se debe. El *elogio debería reservarse para esas ocasiones en que alguien se estira más de la norma, pone esfuerzo o tiempo extra en una tarea, o excede expectativas.* No se trata de hacer lo mínimo, lo esperado. A nadie le hacen una fiesta por llegar a tiempo al trabajo: «Así también ustedes, cuando hayan hecho todo lo que se les ha mandado, deben decir: "Somos siervos inútiles; no hemos hecho más que cumplir con nuestro deber"» (Lucas 17.10).

Un cliente mío era propietario de un negocio de medios de comunicación. Pero antes de asumir la dirección de la empresa por su cuenta había tenido un jefe duro y despreocupado. Este jefe había indispuesto al personal y a la larga arruinó su compañía después que todos los empleados estrella de alto rendimiento, de quienes dependía, se fueron porque simplemente ya no aguantaron el comportamiento del hombre.

Así que mi cliente, después de ver el problema que iba acompañado de una falta de elogio y premio, compensó exageradamente. Fue demasiado lejos en su intento por tratar de no ser el tipo de jefe que lo había herido tanto. Pagó excesivamente a su personal. No les puso normas elevadas en sus trabajos. No los corrigió ni les cambió la compensación cuando tuvieron un rendimiento inferior.

Las acciones de mi cliente crearon un personal feliz. ¿A quién no le gustaría un arreglo como ese? Él era realmente un jefe bueno y preocupado. Pero sus empleados no se unieron como equipo, ni rindieron bien. Cuando vi todo eso, le ayudé a restaurar sus expectativas, a modificar el conjunto integrado de la empresa y a cambiar la cultura empresarial para insistir tanto en un elevado rendimiento *como* en relaciones fuertes.

La situación estuvo difícil por un tiempo. Ahora los miembros del personal lo consideraban injusto, después de todo habían conocido solamente un jefe que promovía la creencia de que lo merecían todo. Un par de ellos renunció. Sin embargo, la mayor parte del personal entendió que si la empresa iba a sobrevivir era necesario instaurar una nueva cultura, una que esperaba rendimiento. Aquellos que se quedaron pusieron manos a la obra y empezaron a mostrar buenas actitudes. Debido a esos cambios el negocio comenzó a florecer. ¡No nos quedemos atrapados en la trampa de «elogiar lo mínimo»!

3. Elogiar lo que no es específico.

«¡Eres fantástico!».

«¡Simplemente eres impresionante!».

«Eres un gran ser humano solo por lo que eres».

Bueno, gracias por ese cumplido vago. Pero, ¿a dónde me puede llevar? Nuestra cultura está inundada de estas exageraciones que tienen más o menos el mismo valor de una caloría vacía. Ambas cosas producen beneficios insignificantes. Nuestros cerebros tienen secciones donde se acumula información. El elogio debe ir en la sección adecuada: la del trabajo duro, de ser amables, de ser sinceros, de ser sensibles. Pero el cerebro no tiene una sección apropiada para tales declaraciones excesivas y poco específicas, y por consiguiente es incapaz de hacer un uso constructivo de ellas.

Una vez elogié de este modo, hasta que me di cuenta de que lo hice solo porque se trataba de un atajo. Se necesita poco esfuerzo para pronunciar tales frases, y podía decírselas a mi esposa o al poste de la cerca, en realidad no importa. Lo que requiere esfuerzo es tomar el tiempo necesario para observar y relacionarse con una persona específica en cuanto a una actitud o comportamiento particular dignos de elogio: «La sopa a la que dedicaste parte del día de hoy está deliciosa». «Me encanta la manera en que motivas a nuestro personal a hacer más llamadas telefónicas cada día». Estas declaraciones entran a las secciones que cuentan.

4. Elogiar lo que requiere habilidad y crea una identidad.

Necesitamos afirmación cuando nos esforzamos y obtenemos buenos resultados. También debemos saber cuándo hemos actuado bien en nuestra clase, con nuestro personal o en nuestro deporte. Por eso es que la competencia puede ser saludable. El mensaje es: «Eres bueno en lo que haces». Pero cuando el mensaje cruza la línea de «eres mejor persona que los demás debido a lo que haces», o «mereces un trato especial», resultan problemas.

Si usted es padre, el mensaje correcto es: «¡Qué gran trabajo hiciste en la defensa de tu partido de fútbol! Te esforzaste con tu equipo y tus jugadas individuales fueron excelentes. Ahora ve y ayuda al entrenador a recoger el equipo». Todos los ejecutivos, estudiantes, gerentes y atletas tienen que hacer cola. Recuerde que *aunque su hijo pueda ser mejor en habilidad, no es mejor intrínsecamente.* Ante los ojos de Dios no es mejor que alguien más, ya que el Señor no hace acepción de personas (véase Hechos 10.34).

5. Elogiar lo que no se basa en la realidad. Una de las cosas más tristes que veo en una persona estimuladora es dar esperanza a alguien aunque no exista ninguna base para esa esperanza. Alentado por alguien que lo animó diciendo: «Puedes hacer cualquier cosa que desees», un individuo podría pasar años y poner toda su energía viajando por una senda que solo es el camino equivocado para él, y que es inevitable que lo lleve a la desilusión.

¿Disfruta usted la actual gama de programas televisivos basados en talentos? Yo sí; me gustan el talento y la energía. Pero un pastor en una iglesia a la que asistí hace poco señaló que a principios de cada temporada se puede ver gran cantidad de series desastrosas en que los individuos dan lo mejor de sí tratando de cantar, bailar o entretener cuando es evidente que carecen de habilidad o talento. El hombre preguntó: «¿Por qué alguien no les mostró antes el suficiente amor para decirles: "Ese no eres tú, déjame ayudarte a descubrir en qué eres realmente bueno"?».

Mis padres nunca me dijeron que yo podía jugar en la NBA si quisiera hacerlo, porque sabían que aunque me gustaba el básquetbol no tenía mucho talento para ese deporte. Agradezco mucho que mis padres me ayudaran a enfocar mis energías en aspectos en los que yo tenía más fortalezas.

6. Falta de calidez. Es irónico que pueda darse la creencia de que se lo merece todo cuando una persona recibe poco elogio, atención o calidez. Eso podría sorprender, pero tiene sentido.

Todos necesitamos saber que somos amados y aceptados. Este es un requisito humano básico pertinente a la salud y la actividad. Pero cuando una persona tiene una cantidad de relaciones frías, aisladas o ensimismadas, a menudo crea lo que se llama una *ambiciosa identidad defensiva*. Es decir, con el fin de protegerse de los vacíos o las durezas de su ámbito relacional el individuo elaborará una percepción personal de que se merece todo, de egocentrismo, y de que es más grande que la vida. Eso le ayuda a sobrellevar el dolor y la soledad.

Un cliente comercial mío estaba seriamente apartado de su personal y su familia. No aceptaba bien las críticas, creía (y permitía que los demás supieran) que tenía todas las respuestas, y se presentaba como más inteligente y mejor que todos los que lo rodeaban. Él mismo se había puesto en peligro de perder tanto su empresa como su familia.

El hombre y yo comenzamos a indagar en cuanto a quién era él como persona. No hallé en sus antecedentes una familia que lo malcriara o lo elogiara en manera equivocada. Al contrario, descubrí que su niñez hogareña incluía a dos padres destrozados que tuvieron poco interés en llegar al mundo interior de su brillante hijo, entenderlo y cuidar de él. Actuaron bien en términos de proporcionarle estructura y valores. Pero debido a que no le ofrecieron calidez, en su interior, el hombre sentía que no era amado; por lo que se avergonzaba de sí mismo.

Al indagar más, recordó que cuando fue a la universidad se reinventó a sí mismo. Experimentó con deportes, conociendo chicas y siendo elegido para la dirigencia estudiantil. Pero su actitud tomó el camino equivocado. En lugar de ser agradecido y amable, se presentaba como alguien arrogante y superior.

Esta historia tuvo un final feliz. El hombre tenía suficiente conciencia y había sentido suficiente dolor como para motivarse a tratar con las heridas iniciales de su infancia fría y luego hacer algo que le produjera dolor, dejar que este desapareciera y pedir ayuda para reemplazar lo que había perdido. Casi al instante vio a su familia y su empresa con nuevos ojos. Cuidó más de ellas, escuchó bien y, de buena gana, entró a sus mundos.

La grandiosidad defensiva es simplemente un caparazón que construimos para sobrellevar sentimientos negativos. Cuando la persona que cree merecerlo todo empieza el proceso de crecimiento, el caparazón empieza a disolverse, y comienzan a forjarse conducta y sentimientos saludables.

Problemas de corrección y sus consecuencias

Las personas no solo necesitan el tipo adecuado de premio y elogio sino también la clase correcta de correcciones y consecuencias. Este es el lado opuesto de la moneda. Toma formas diferentes. Las empresas tienen departamentos de recursos humanos dedicados a resolver problemas de rendimiento y cultura, y tales soluciones a menudo comprenden verdades difíciles de comunicar. En primer lugar brindan ayuda, y si eso no funciona entonces acuden a las advertencias, los descensos de categoría y, a veces, si son necesarios los despidos. Las iglesias tienen una estructura disciplinaria. Los padres cuentan con tiempos de aislamiento, retención de juguetes y toques de queda. Cada una de estas estrategias, por desagradables que puedan ser, ofrece a la gente la oportunidad de crecer con el equilibrio correcto de gracia y verdad.

Pero cuando no establecemos los límites adecuados y no permitimos que haya consecuencias apropiadas, sin darnos cuenta podemos estimular la exigencia de derechos y privilegios. Las personas jóvenes y viejas deben conocer los parámetros relacionados con la forma en que deben comportarse. *El derecho de hacer cualquier cosa que deseen termina en el momento en que aquello afecta a otros.* Nadie obtiene un pase libre para dar rienda suelta a su conducta o sus palabras.

Necesitamos esos límites porque nos recuerdan que no somos Dios. No se nos permite cruzar algunas líneas. Israel no prosperó durante sus años sombríos en que no tuvo rey, debido a que «cada uno hacía lo que le parecía mejor» (Jueces 21.25). Algunas de tales líneas son buenas para nosotros, no solo porque nos recuerdan que somos humanos y no Dios, sino también porque nos ayudan a asumir responsabilidad y dominio propio en cuanto a nuestras vidas. Cuando sabemos dónde debemos detenernos, y dónde empieza el derecho de la otra persona, tendemos a cuidar mejor de nuestro propio patio.

He trabajado con juntas directivas, presidentes ejecutivos, pastores, padres y cónyuges que evitan conflictos; todos temen las conversaciones difíciles y el establecimiento de límites. Pero cuando no se tratan esos asuntos es inevitable que se produzca en otros una actitud que les haga presumir que *tengo el derecho de hacer lo que quiera porque no existe una realidad que esté en conflicto con mi creencia*. En otras palabras, se desarrolla una cultura que exige derechos y privilegios. Si usted está en la junta directiva, si es el director ejecutivo, el pastor o el padre, debe *hacer* que la realidad entre en conflicto con esta creencia.

Ese es el mensaje que Dios le ofreció a Nabucodonosor cuando se creyó más grande de lo que era. Terminó loco por mucho tiempo, comiendo hierba como una vaca (Daniel 4.33). Es probable que usted no tenga que sentenciar a comer hierba a alguien que tenga a su cargo. Pero sí podría decir: «No, y si continúas con este comportamiento me veré obligado a...», y a continuación expresar la advertencia. Cuando ponga límites, solo recuerde ser amoroso y estar presente «para» la persona a la que trata de ayudar, sin que importe cuán poco amorosa se comporte con usted. Si usted pierde la compasión es difícil que el otro aprenda la lección. Usted quiere que tal individuo aprenda a aceptar la realidad y se adapte a ella, y no querrá que la conclusión a la que llegue sea: «Tengo un jefe, padre o cónyuge malvado». *Amoroso pero firme* constituye tanto la manera correcta como el camino duro.

Supla necesidades y mate de hambre a la creencia de que se merece todo

Es importante reconocer que las personas tienen necesidades reales y válidas para todo, desde aceptación hasta apoyo y consejo. Desear algo bueno no necesariamente es una actitud que muestre que cree merecerlo todo. Dios nos creó para que tuviéramos necesidades, por lo que estas deben ser algo bueno y con lo que debamos tratar: «Así que mi Dios les proveerá de todo lo que necesiten, conforme a las gloriosas riquezas que tiene en Cristo Jesús» (Filipenses 4.19).

Debemos aprender la diferencia entre una *necesidad,* la cual debe satisfacerse, y un *deseo egoísta,* al cual debe matarse de hambre. Satisfacer una necesidad lleva a la vida, alimentar una exigencia de privilegios lleva a la destrucción. La situación se reduce a esto: *lo que crea amor, crecimiento y pertenencia contra lo que crea superioridad o una demanda de trato especial.* Elogiar a la verdadera persona interior (el carácter) nunca puede ser malo. Elogiar actitudes y comportamientos falsos y grandiosos es como tirar el dinero por un hueco. No desperdicie su amor y su apoyo. Colóquelos donde lleven buen fruto.

Desarrollo de habilidades

1. **No olvide la compasión: ¿Ha dejado de ofrecer compasión a** quienes en su vida y esfera de influencia se la pasan exigiendo derechos y privilegios? De ser así, pida a Dios que le ayude a mantener límites sabios y razonables, pero al mismo tiempo recuerde que la actitud que presentan no se debe del todo a la propia decisión de ellos.

2. **Busque sus propias ínfulas intrínsecas** y encárguese de ellas. Lo que usted observa tiende a mejorar con el tiempo.

3. **Revise la lista de lo que causa que uno crea que se merece todo. ¿Entiende usted** «cómo» ha afectado esto a las personas que presentan dicha condición? Compruebe cómo usted también puede haber sido influenciado. El resto de este libro le ayudará a curar la enfermedad.

CAPÍTULO 3

ESTRUCTURA DIVINA PARA EL CAMINO DE VIDA CORRECTO

—¿Qué quisieras preguntarle a Dios cuando llegues al cielo? —me dijo un amigo una noche en una cena en que nuestra conversación estaba salpicada de asuntos espirituales.

Pensé por un momento en qué responder.

—Creo que le preguntaría: ¿Estás seguro de haber tomado una decisión correcta al dejarme entrar aquí? —contesté.

Mi amigo soltó la carcajada.

—¿Y qué le preguntarías tú? —inquirí entonces.

—Le diría: ¿Por qué permitiste que sucedieran cosas malas en el mundo? —respondió él.

—¿Y por qué harías esa pregunta? —quise saber asintiendo con la cabeza.

—Porque me molesta mucho —contestó—. No entiendo por qué un Dios amoroso permite que los niños enfermen y mueran, que los tsunamis destruyan todo a su paso y que la pobreza sea tan devastadora.

Pensé por un momento.

—Sí, dichos males son muy pero muy tristes e incomprensibles —respondí entonces—. Desde todo punto de vista. A menudo me siento igual. Y *son* cosas de las que no sabremos la *razón* hasta estar al otro lado de la tumba. Pero hay otro aspecto de la cuestión que tiene igual importancia. Por una parte, la aparente falta de justicia o lógica en el universo es lo que hace que las cosas que acabas de mencionar no tengan sentido. Por otra parte está nuestra propia resistencia a nuestra condición de criaturas.

—¿Condición de criaturas? —inquirió él—. ¿Es decir que somos las criaturas y él es el creador?

53

—Exactamente —concordé—. Creo que aunque Dios se sentara a cenar con nosotros esta noche y nos explicara todo, algo en nuestro interior aún pensaría: *Sin embargo, si yo fuera Dios...*

El meollo del asunto

Esa conversación en la cena con mi amigo refleja el meollo del asunto en cuanto al modo en que Dios ha diseñado que el mundo funcione y cómo deberíamos vivir. Existe una manera correcta de vivir y es el «camino duro». Es trabajo, pero *funciona,* y lo salvará a usted de incontables desvíos en la vida. No obstante, *¿por qué es* el camino duro el correcto?

Nuestra conversación esa noche también giró en torno a por qué tenemos tal problemática con Dios en esta era en que lo normal es exigir derechos y privilegios. Dios ha establecido principios grandiosos y universales que nos permiten sobrevivir, prosperar, enamorarnos, encontrarlo, descubrir nuestra misión, y hacer todo lo que una vida de éxito requiere. Y, sin embargo, pase lo que pase una parte de nosotros siempre afirma: *Pero si yo fuera Dios...*

Tal reacción proviene de nuestra facultad innata de creer que lo merecemos todo. No se trata solo de un cuestionamiento a Dios; el tema es saludable, y tenemos grandes ejemplos de esto en la Biblia (el libro de Job, o los Salmos, por ejemplo). El asunto va mucho más allá de cuestionar a Dios al punto que lleguemos a irrespetarlo por lo que él es y por la manera en que ordenó la vida. Cuando respondemos de ese modo rechazamos nuestro papel ordenado por Dios en el mundo que creó. Exigir derechos y privilegios nos lleva a juzgar a Dios por cómo funciona el mundo, por las cosas malas que nos suceden que no logramos entender y por lo que no sucede como quisiéramos. El que cree que lo merece todo afirma: «Mi manera de mirar la vida está mucho más allá de la de Dios», porque esa exigencia crea una profunda sensación de ser especial y de estar por encima de todo.

Por el contrario, el propósito de este capítulo es resaltar los grandes principios de la vida, los cuales nos dirigen a saber cómo vivir de modo exitoso y a poder ver la manera en que la cultura exigente de derechos y privilegios que nos rodea lucha contra tales principios. Le mostraré cómo puede usted ser parte de la solución a dichas exigencias.

He aquí la verdad: *Mientras más experimentemos y sigamos los principios de Dios (que se encuentran en el centro de la realidad), mejor se vuelve la vida para nosotros y para quienes tienen que ver con nosotros.* Estos principios se originan en el Dios que no duda en hacer las cosas del modo correcto, por difíciles que sean.

¡Dios realmente quiere lo mejor para nosotros! Y podemos experimentar lo mejor de él si vivimos de acuerdo con los principios que ha diseñado en el universo.

El rechazo a la realidad

En esencia, la exigencia de derechos y privilegios va más allá de lo que una persona piensa: *Está bien que yo quiera ser perezoso porque alguien más llevará mis cargas* o porque *soy tan especial que las reglas no se aplican a mí.* En realidad, esta condición profundiza tanto que rechaza los mismos fundamentos sobre los cuales Dios construyó el universo. En esencia, *exigir derechos y privilegios, o creer merecerlo todo, es un rechazo a la realidad misma.*

Analice: Esto significa que la exigencia de privilegios, en realidad, «hace enloquecer», lo cual se define como una ruptura de la realidad. Ello ciega a la persona que cree merecerlo todo en cuanto a lo que hace funcionar al mundo. Alguien así ve un problema en su lugar de trabajo y piensa: *Esto no puede ser mi culpa,* y pasa por alto la realidad de que su actitud sí ocasionó de veras gran parte de la dificultad. Alguien más ve cómo tambalea su matrimonio y piensa: *Cuando ella pida disculpas, entonces yo lo haré,* en lugar de entender que él debe arreglar cualquier cosa que haya roto en la relación, independientemente de lo que ella haga.

He trabajado con suficientes casos de grave enfermedad mental como para decir con confianza que usted no querría este tipo de locura ni sus consecuencias. Lo destruiría y le destrozaría su vida y sus sueños. ¡Dios no quiere eso para usted! Sus amigos sanos no quieren eso para usted. Y *usted* no debería querer eso para sí mismo.

La exigencia de derechos y privilegios no comenzó con nuestra cultura contemporánea. Ha estado alrededor por mucho tiempo. Se puede ver en el mismo inicio, cuando Adán y Eva decidieron que no les gustaban las limitaciones que Dios les había puesto. Ellos querían expandir sus opciones a fin de «ser como Dios» (Génesis 3.5). Se sintieron descontentos con el papel que Dios les asignó; quisieron *el papel de él.*

Exigir derechos y privilegios existió incluso antes de la creación del mundo. Cuando Satanás consideró sus propias limitaciones, declaró: «Seré semejante al Altísimo» (Isaías 14.14). Quiso «ser como Dios», el mismo señuelo que más tarde puso delante de nuestros padres humanos. Por supuesto, Satanás en realidad más que «ser como Dios», quería *ser* Dios, es decir, sin limitaciones de ninguna clase.

Ya desde el Edén, los humanos queremos ser iguales a Dios, con todos sus privilegios y su poder, y (la misma definición de creer que lo merecemos todo) *creemos que eso es nuestro derecho.* La exigencia de derechos y privilegios infecta nuestros cerebros con la idea de que: *Tengo derecho a más y mejor; en realidad, están en deuda conmigo.*

Pero cuando damos una mirada a la historia humana e incluso a nuestras propias vidas, ¿qué resultados vemos surgir de una actitud que exige derechos y privilegios?

La respuesta: Las consecuencias han sido desastrosas. Cuando una nación viola un tratado de paz con otra y va a la guerra, por lo general encontramos que eso lo motiva una actitud que exige derechos y privilegios, la que se usa para justificar la acción.

Cuando una empresa traiciona la confianza de sus accionistas o partes interesadas, a menudo se debe a que alguien, quizás un presidente ejecutivo o un director financiero (¿recuerda a Enron y Worldcom? ¿A Bernard Madoff? ¿A cualquier cantidad de escándalos bancarios recientes?), ha determinado que está por sobre las reglas. Y cuando un esposo entra en una relación ilícita con otra persona, a menudo el razonamiento es: «Después del modo en que me han tratado en este matrimonio, merezco algo mejor». La exigencia de derechos y privilegios sencillamente no actúa a favor de nuestros mejores intereses.

Sin embargo, tengo esperanza, y como sucede con todas las cosas buenas, esa esperanza empieza con Dios. Él no nos ha dejado solos para luchar con una cultura destrozada, vidas destruidas, empresas quebradas y relaciones rotas. Él se está moviendo entre nosotros con sus respuestas y su poder. Aquí es donde entran en escena los principios que enumero en este capítulo. Tales principios son la base del resto del libro. Aquí están todos los conocimientos y las habilidades que necesitamos para escapar de la trampa de exigir derechos sin merecerlos, todos ellos desarrollados a través del paradigma del camino duro.

Los principios del «camino duro»

Cinco dominantes principios vitales hacen posible nuestro viaje triunfante en este planeta, de la misma forma que la gravedad, el electromagnetismo y la radiación gobiernan el mundo físico. La Biblia enseña estos cinco principios y las investigaciones los apoyan. Lo crucial es recordar que *estos principios no pueden ser violados o ignorados por siempre, y no se les puede hacer caso omiso sin un costo.* Son más grandes que nosotros, porque vienen de Dios. Sí, podemos estar en desacuerdo con ellos, agitarles los puños, negar su existencia e insistir en que simplemente no son justos. Pero eso no cambia su influencia ni su poder.

Es como no estar de acuerdo con la fuerza de gravedad. Usted podría pensar: *La gravedad en realidad es limitante. Nos impide volar por nuestra propia cuenta, por tanto no estoy de acuerdo con ella.* Y al menos temporalmente usted puede actuar contra esta fuerza. Salte desde el suelo lo más alto que pueda, tantas veces como pueda. En realidad, agarrará un poco de aire... por un segundo o dos. Pero siempre bajará. No se puede desafiar la gravedad para siempre.

No tiene sentido hacer caso omiso a la realidad o actuar como si pudiéramos oponérnosle con éxito. Si usted se golpea la cabeza contra una pared de ladrillo bastante tiempo porque no le gusta que esté allí, lo único que conseguirá para su problemática es un dolor de cabeza. Cuánto mejor (¡y menos doloroso!) descubrir cómo cooperar con estos principios y estas fuerzas, y usarlos en maneras que creen una gran vida para usted. Hacer que actúen para usted y no en su contra.

Así que aprenda estos principios y úselos con regularidad.

Primer principio: Humildad y dependencia: Dependemos totalmente de Dios

El Creador diseñó la vida de tal manera que *él* crea y ejecuta las cosas, mientras que las criaturas dependen de él: «En él vivimos, nos movemos y existimos» (Hechos 17.28). Es como cuando alguien afirma: «Estoy en el ejército». Esta declaración significa mucho más, expresa: «Soy una pequeña parte de un sistema muy grande, dentro del cual vivo, trabajo, entreno, levanto una familia y tengo una vida social». Este mundo es de Dios, no de nosotros (Éxodo 19.5). No somos dueños de los bienes inmuebles.

Al igual que en mi conversación en la cena con mi amigo, nuestra condición de criaturas es algo *bueno*. Es lo que somos. Le pertenecemos a Dios, no a nosotros mismos. La condición de criaturas implica humildad y dependencia. Reconocemos que este es su universo y que Dios nos ha invitado a formar parte de este lugar.

Humildad es una actitud muy malentendida que merece clarificarse. Humildad no significa tener un punto de vista negativo acerca de nosotros mismos; no tiene que ver con comer gusanos. Los sentimientos de odio hacia nosotros tienen *más que* ver con tener un juez severo en la cabeza, no son buenos para nadie. Humildad es simplemente *aceptar la realidad de lo que Dios es y lo que somos nosotros.* Cuando observamos la realidad de su poder, de su amor y de su cuidado nos vemos más fácilmente como lo que somos: criaturas amadas, criaturas especiales, criaturas importantes, pero de todos modos criaturas.

Dependencia significa que nos subordinamos a él para nuestro sustento, para cada respiración que tomamos. No somos más independientes del cuidado de Dios de lo que un astronauta lo es de su tanque de oxígeno, o de lo que un niño es independiente de sus padres. Recibimos buena atención y guía de Dios. Eso es dependencia.

Cuando olvidamos quiénes somos y quién es Dios, la vida simplemente no funciona, al menos a largo plazo. Funciona mejor cuando basamos nuestras decisiones y nuestras acciones en una sólida comprensión de lo que es él y lo que somos nosotros. Él nos diseñó de ese modo. Un teléfono celular hace un gran trabajo como tal, pero como jirafa lo hace terrible. No fue diseñado para actuar como jirafa. Su mejor destino es ser el mejor teléfono celular que pueda. Cuando luchamos contra este principio del mundo divino peleamos contra los conceptos de humildad y dependencia, por tanto es inevitable que las cosas no salgan bien.

Por el contrario, la exigencia de derechos y privilegios nos dice que seamos nuestros propios jefes y determinemos nuestro propio destino. Esta condición nos enseña a decir: «¡No eres mi jefe!». Implica que podemos ser y hacer todo lo que queramos, exigir de quienes nos rodean todo lo que deseemos y que es anticuado depender de alguien. Después de todo, se trata de nuestra vida, por tanto debemos seguir cualquier sendero que elijamos. Sin embargo, exigir derechos y privilegios finalmente nos vuelve altaneros, solitarios, presuntuosos y sin función alguna.

Una vez me encontré en medio de la creación de un programa de éxito empresarial. Pasaba mucho tiempo allí, imaginando cómo podía ayudar a las empresas a relacionarse mejor con sus empleados y de ese modo lograr mayor rendimiento. Pero también tenía varias actividades más.

Tiendo a comprometerme en demasiadas cosas y, cuando lo hago, tengo que ordenar mis prioridades. En ese sentido soy un feliz trabajólico. Trabajo mucho, no debido a dolor o angustia, sino porque me encanta lo que hago. Pero a menudo voy demasiado lejos y ese fue el caso con ese programa exitoso. Así que mientras trataba de entender mis prioridades, hablé con uno de mis amigos verdaderamente espirituales que me preguntó: «¿Has orado al respecto?».

Al instante me sentí como un estudiante de tercer grado que había olvidado llevar la tarea a la clase. En realidad *no había* orado al respecto; solo había trabajado en ello. Me había olvidado completamente de algo tan fundamental y tan básico. La semana siguiente oré acerca del proyecto, se lo entregué a Dios, le prometí que seguiría cualquier dirección que me señalara, incluso si debía abandonar todo el asunto. Declaré que lo seguiría a él. En otra semana más mi horario se facilitó, se me acercaron personas que querían el programa y tuve la oportunidad de crear algo que ayudaba de veras a las empresas.

No cedamos a la exigencia de los derechos y los privilegios cuando nos tienten a convertirnos en nuestros propios jefes, a tomar el control total de nuestras vidas. *Tenemos* un jefe y su nombre es Dios. ¿Disfrutaremos eso todo el tiempo? Por supuesto que no. A veces el jefe nos dice cosas duras. Pero estaremos mejor y más felices, y alcanzaremos más metas (y más metas *que valen la pena*) cuando adoptemos la posición de humildad y dependencia.

Segundo principio: Conectividad: Estamos diseñados para vivir relacionados unos con otros

Conectividad, o vivir en relación con Dios y con otras personas, es el combustible de la vida. Ser totalmente conocidos y amados es una de las experiencias más profundas y satisfactorias que podemos tener. Vivimos en un mundo relacional y en una cultura relacional resumidos por la enseñanza de Jesús: «Éste es mi mandamiento: que se amen los unos a los otros, como yo los he amado» (Juan 15.12). El amor viene de él y no solo debemos amarlo a él sino unos a otros.

La relación se basa en la necesidad. A lo largo de nuestra vida experimentamos estrés, frustraciones y sufrimientos. Se nos exigirá tomar decisiones difíciles, además cometeremos dolorosas equivocaciones. El combustible para sobrevivir y recuperarnos de esos obstáculos de la vida viene de la empatía, la aceptación y la comprensión que recibimos de otros. También necesitamos conectividad en ámbitos no relacionados con la sobrevivencia sino con la realización: ánimo para ser creativos, innovadores y productivos. La Biblia señala lo mucho que necesitamos unos de otros: «¡Ay del que cae y no tiene quien lo levante!». (Eclesiastés 4.10). Las relaciones producen los nutrientes adecuados para el terreno de nuestras vidas, de modo que la vida resulte bien.

Vemos este principio en acción en cada ámbito de la existencia:

- Los chicos cuyos padres se sintonizan con el estado emocional de sus hijos tienen mejor éxito más adelante en la vida.

- Los matrimonios en los que la intimidad emocional prospera pueden sobrellevar mejor las pruebas de la vida.

- Las personas con un sistema de apoyo de amigos con quienes sienten seguridad en cuanto a ser vulnerables tienen menos problemas de salud.

- Las iglesias que no solo presentan buena enseñanza desde el púlpito, sino que también cuentan con grupos pequeños, crean discípulos más saludables.

- Las empresas que ponen atención a las relaciones, así como al resultado final, disfrutan de un rendimiento mejorado.

La conectividad es a la vez un fin y un medio. No solamente sustenta la vida sino que, en cierto sentido, la relación *es vida en sí misma*. Las personas no solo demuestran sus sentimientos mutuos para poder actuar mejor, ser más sanos y tener mejores vidas. Tales beneficios son secundarios. La motivación principal es que las personas se sinceran y se vuelven sensibles en las relaciones simplemente porque quieren amar y ser amadas. Debido al diseño de Dios somos atraídos a la conectividad *porque las relaciones nos alimentan para satisfacer las exigencias de la realidad*.

Aquí es precisamente donde la mentalidad de creer que lo merecemos todo hace su mayor daño. Distorsiona el poder y el significado de la conectividad de modo que las relaciones no pueden funcionar con toda la fuerza para aquello que fueron diseñadas. Esto ocurre en dos maneras: por deshumanización y por autosuficiencia malsana.

Deshumanización. Cuando una persona trata a otra como un objeto que debe utilizar o como un dispensador de algún artículo deseado, eso es deshumanización. Las personas se deshumanizan sexualmente entre sí. Una buena oyente puede ser buscada por su habilidad, pero ¿quién recuerda preguntarle cómo le va? Por ejemplo, en una fiesta a un médico a menudo se le acerca una persona tras otra para hacerle preguntas con relación a las enfermedades que padecen, considerando poco los deseos que él tenga de pasar simplemente el rato y conversar con sus amigos.

La actitud ensimismada de exigir derechos y privilegios hace que sea difícil ver a las personas con necesidades, sentimientos y vidas propias. Esta posición hace que olvidemos «ponernos en la posición del otro»; quienes se la pasan exigiendo privilegios solo pueden imaginar las vidas de los demás como una extensión de la suya propia. No pueden entrar de lleno en la experiencia del otro.

Una vez trabajé con un equipo administrativo de una empresa que deseaba que yo lograra que los obreros de la fábrica produjeran a un ritmo más rápido. La administración pensaba que el trabajo se estaba realizando con demasiada lentitud y que los actuales niveles de productividad no reflejaban la verdadera capacidad de los trabajadores. Cuando pregunté a estos ejecutivos qué estaban haciendo para motivar a sus empleados a trabajar más esperé que mencionaran aspectos como bonos, premios, salidas en grupo y ofrecimientos de entrenamiento avanzado. No había nada de eso. Manifestaron: «Los empleados tienen un trabajo». Eso era todo. Los trabajadores debían apreciar el empleo remunerado que tenían.

Tal respuesta me consternó, así que hablé largo y tendido con esos ejecutivos acerca de la actitud que exhibían. Les dije que si así era como sentían la realidad, podía garantizarles que los empleados tendrían una actitud similar, pero a la inversa: «Esta empresa tiene la suerte de contar conmigo». El agua siempre se escurre hacia abajo.

Tomó mucho tiempo, pero finalmente esos líderes comenzaron a ver a sus empleados no solo como un medio para un fin, sino como personas con vidas y sueños, igual que sucede con el equipo ejecutivo. Tuve que luchar con una carencia total de empatía, y esa batalla costó a la empresa gran cantidad de tiempo y dinero antes de que los ejecutivos al fin aprendieran la lección.

Autosuficiencia malsana. Otro problema que la exigencia de derechos crea es la convicción de no necesitar que otros nos sustenten y apoyen. No estoy hablando de autosuficiencia sana como aprender a pagar las cuentas y asumir la responsabilidad de nuestras decisiones. Estoy refiriéndome a la autosuficiencia que *niega que necesitemos apoyo, ánimo y reconocimiento de otros.* La exigencia de derechos y privilegios ve como debilidad o inferioridad pedir comprensión, aceptación o un lugar para desahogarse. Admitir la necesidad entra en conflicto con el punto de vista de la persona que cree estar por encima de todo eso y que tiene que actuar como corresponde. La exigencia de derechos y privilegios es antinecesidad; nos aparta de los suministros que nuestras vidas requieren para seguir adelante.

Si usted alguna vez ha almorzado con un individuo autosuficiente comprenderá cuán frustrante y vacía puede volverse la conversación. Todos debemos mostrarnos sensibles y susceptibles; eso es parte fundamental del sistema de vida de Dios. Pero sea sensible con una persona autosuficiente y gradualmente se dará cuenta de que su compañero de almuerzo no puede relacionarse con personas que batallan, o ni siquiera con las que simplemente necesitan contacto humano. Personas así pueden parecer amigables y desinteresadas, pero tienen poco sentido de lo que significa estar incompletas sin nutrientes humanos diferentes de sí mismos.

Pablo expresó una frustración parecida con los corintios cuando estos no fueron sensibles con él. En un emotivo pasaje les suplica:

> Hermanos corintios, les hemos hablado con toda franqueza; les hemos abierto de par en par nuestro corazón. Nunca les hemos negado nuestro afecto, pero ustedes sí nos niegan el suyo. Para corresponder del mismo modo —les hablo como si fueran mis hijos—, ¡abran también su corazón de par en par! (2 Corintios 6.11-13).

Si la conectividad es el combustible de la vida, entonces exigir derechos sin merecerlos resulta en un tanque vacío para alguien con esta condición. Eso provoca rupturas en cuanto a relaciones, amor, carrera, cuidado personal y espiritualidad.

Tercer principio: Reconocimiento: Tenemos que asumir la responsabilidad de nuestras decisiones

Dios nos diseñó para asumir la responsabilidad de nuestras *propias* vidas y de nuestras decisiones. Él creó un sistema en que disponemos de una gran libertad en la forma en que decidimos vivir. Libremente elegimos si seguir o no los caminos de Dios: «Si a ustedes les parece mal servir al Señor, elijan ustedes mismos a quiénes van a servir» (Josué 24.15). Dios no tenía interés en hacer esclavos o robots que no pudieran tomar sus propias decisiones.

Tener esta libertad para elegir significa tomar el control de, o asumir la responsabilidad por, las consecuencias de nuestras vidas. A quienes tienen lo que la investigación comercial llama «altas capacidades de reconocimiento» les va bien en la vida, el amor y el trabajo. Toman sus decisiones con la mente enfocada en el objetivo que esperan cumplir. Se ven como triunfadores o fracasados debido a sus propias decisiones, lo que en psicología se denomina un *punto de control interno*. Estas personas creen que sus decisiones, que vienen desde adentro, son importantes en sus destinos.

Nos sentimos más felices cuando nuestro reconocimiento es alto. Toda la serie de libros *Límites* que Henry Cloud y yo hemos escrito se enfoca en reconocimiento elevado: Asumir la parte de responsabilidad que nos corresponde respecto a nuestro trabajo, nuestro matrimonio, nuestra vida sentimental, nuestra vida espiritual y nuestra salud. Si alguien nos saca de quicio y trata de controlarnos, reconozcamos que somos nosotros los que estamos permitiendo aspectos que no nos resultan beneficiosos. Si no podemos decir no a las necesidades que otros tienen de nuestro tiempo y nuestra energía, reconozcamos que tales personas no son malas por pedir, y que debemos aprender a poner un límite y negarnos de manera amable pero firme.

Sin embargo, la exigencia de derechos y privilegios levanta un enorme obstáculo al reconocimiento saludable, y lo hace en un par de maneras: reconocimiento bajo y externalización.

Reconocimiento bajo: Quienes no asumen la responsabilidad de sus vidas a veces viven como si sus acciones no tuvieran consecuencias. Tienden a no ver más allá del presente; su preocupación está en lo que necesitan y desean *ahora mismo*. Se sorprenden cuando pierden empleos o relaciones. La mayoría de nosotros estamos conscientes del principio básico de que «si sembramos X, entonces será X lo que cosecharemos», pero no sucede así con la persona que cree merecerlo todo.

Mi trabajo como asesor administrativo a veces implica participar en despedir a alguien. Una empresa que era mi cliente me llamó en cierta ocasión para tratar con el despido de una ejecutiva clave. El asunto se puso complicado. Más que cualquier otra cosa, los directores de la empresa querían asegurarse de que ella no se sintiera sorprendida por el despido. Querían dejarle en claro que durante un tiempo tuvieron serias preocupaciones con relación al rendimiento de la empleada, de modo que le comunicaron claramente lo que se necesitaría para que las cosas cambiaran, manifestándole que le darían los recursos necesarios para ayudarle a mejorar. Nada de eso funcionó y, después de repetidas conversaciones, le dijeron que tendrían que despedirla.

La ejecutiva reaccionó con gran sorpresa, diciéndoles que se sentía totalmente traicionada. Los jefes de la empresa estaban consternados. Después de todos sus esfuerzos por advertirle y corregirla, ella no había podido ver lo que la empresa había hecho. La mujer tenía bajo reconocimiento en cuanto a su comportamiento y una trayectoria de gran dificultad para juzgar cuando no rendía bien en sus tareas y relaciones. Lamentablemente, su bajo reconocimiento jugó un gran papel tanto en relación a por qué la estaban despidiendo como a por qué se sintió completamente sorprendida con la decisión.

Externalización: Las personas con una actitud que creen que lo merecen todo proyectan a menudo la responsabilidad de sus decisiones en el exterior, no en el interior. La culpa es de los demás, de las circunstancias o de los acontecimientos. Culpan a otros por todos los problemas. Su exigencia de derechos les prohíbe quitarse la viga de los ojos y hacer la más importante de todas las preguntas: *¿Cómo contribuí a esta última dificultad?* En lugar de eso, deciden responder hacia afuera. ¿El resultado? Tienden a mostrarse indefensos e infelices. Tienden a ver la vida a través de los ojos de una víctima. Además, el sufrimiento que sienten es improductivo, no los lleva a ninguna parte.

Culpar es primo hermano de exigir derechos y privilegios. Mientras más luchemos contra la tendencia de culpar a fuerzas externas y a la vez reconozcamos nuestras propias decisiones de vida, viviremos mejor.

Cuarto principio: Aceptación de lo negativo: Los defectos no pueden perdonarse y sanarse a menos que los admitamos

¿Está usted consciente del juez que tiene en la cabeza? Usted tiene uno. Todos lo tenemos. Y no vacila en hacerse oír. Mi primera emoción cuando escribí esta frase fue sentir un poco de vergüenza, pues pensé: *Él fue duro conmigo hoy.* No conozco a nadie cuyo primer impulso sea: *No puedo esperar a oír lo que mi juez tiene que decir en cuanto a la forma en que manejé mi día.* Vemos a nuestro juez en la cabeza como alguien duro, negativo y que nos condena.

Ese juez es nuestra guía interna, la voz mental que hace declaraciones valiosas acerca de nuestros triunfos y fracasos. La mayoría de las personas que leen libros de esta clase tienden a tener un juez duro que dicta veredictos tales como:

- ¡Volviste a hacer lo mismo! Siempre haces esto.

- Nunca lo harás bien.

- ¿Por qué no puedes hacer eso mejor?

- Estás defraudando a todos.

- Eres un chasco.

- Deberías avergonzarte de ti mismo.

- ¡Qué perdedor!

Todas estas declaraciones son hirientes y humillantes, y *nos las decimos a nosotros mismos*. Nadie tiene que juzgar a la mayoría de nosotros; hacemos un buen trabajo por nuestra cuenta. Un duro juez interior nos frena, nos desanima en cuanto a arriesgarnos, y hace que no nos guste lo que somos.

Dios nunca planificó esto. Él quiere que experimentemos como él lo hace respecto a nosotros, como seres especiales que aunque imperfectos somos también «una creación admirable» (Salmos 139.14). Dios desea que nos veamos como personas a quienes él ama. Cuando nos sentimos con nosotros mismos como Dios lo hace, podemos aceptar nuestros pecados y fracasos, así como también los de los demás, y luego tratar con ellos en maneras positivas: «Acéptense mutuamente, así como Cristo los aceptó a ustedes» (Romanos 15.7).

Dios hizo un camino a través de Cristo para que podamos vivir con lo negativo como realmente es, sin negarlo ni minimizarlo. En una relación con Cristo sentimos que estamos autorizados para ser lo que realmente somos, con todos los defectos. No tenemos que esconder nada, fingir ni poner nuestra mejor cara. Somos conocidos y amados exactamente como somos por aquel que más cuenta. Esto nos permite amar a otros de la misma manera.

El resultado de reconocer y aceptar lo negativo es que *entonces lo negativo se puede transformar*. Cuando conocemos bien nuestros defectos podemos enfrentarlos, llevarlos ante Dios y ante las personas con quienes nos sentimos seguros siendo vulnerables, y sanar cualquier cosa que esté impulsando tales sentimientos. Esta es la clave para un gran crecimiento. Es una paradoja, pero quienes huyen de lo negativo sufrirán por ello, mientras que quienes aceptan lo negativo hallarán el poder para cambiarlo.

Me hallaba trabajando en uno de mis equipos de liderazgo con un ejecutivo que era un exitoso hombre de negocios muy apreciado por la industria. Sin embargo, le costaba mucho ser auténtico con los demás, especialmente cuando se sentía frustrado o enojado. Él creía que si se irritaba por un problema de ventas o un asunto de rendimiento, las personas lo verían como un tirano indiferente. Por tanto, compensaba eso siendo el señor Agradable todo el tiempo, manteniendo una sonrisa en el rostro aunque por dentro estuviera atormentado. Su juez permanecía al control, diciéndole: *No seas lo que realmente eres o te irá mal.* Eso le causó todo tipo de problemas: mantener esa máscara le costó energía creativa, las personas sentían que él no era real, por lo que desarrolló incapacidad para confrontar con eficacia.

Le pedí que se sensibilizara en nuestra sesión de grupo acerca de cómo actuaba cuando se sentía enojado. Le resultó muy difícil hacerlo porque le preocupaba que el grupo lo juzgara con tanta dureza como él mismo se había juzgado. Pero cooperó. Mencionó a alguien cercano con quien se sentía furioso y expresó su enojo en cuanto a eso... y de ese modo se permitió sentir verdadero enojo.

El grupo respondió maravillosamente.

«No pienso menos de ti», expresó uno de los integrantes.

«Yo también me he sentido así», manifestó otro.

«Siento que ahora te conozco mejor», declaró un tercero.

La experiencia transformó a ese hombre. Se sintió impresionado por la aceptación y la gracia del grupo, que era exactamente lo opuesto a lo que había esperado. Nunca en la vida alguien le había dicho que era normal sentirse enojado.

Cuando nos reunimos el mes siguiente me informó varios cambios dramáticos. Tenía más energía. Era más amable con su esposa y sus hijos. Confrontaba a otros con bondad y justicia. Y cuando se sentía enojado decía cuatro verdades y superaba rápidamente el impase. El juez que vivía en la cabeza del hombre estaba siendo redimido, enseñándole a aceptarse a sí mismo tal como Cristo y el equipo lo aceptaron.

La exigencia de derechos no nos incita a que aceptemos lo negativo en nuestras vidas. Nos impide admitir nuestros defectos, y no nos permite llevarlos ante personas en quienes confiamos, alejándonos de la oportunidad de aprender a tratar con tales aspectos. Por el contrario, la actitud de exigir derechos y privilegios presenta tres rumbos, todos los cuales destruyen nuestra salud:

- *Negación.* El individuo en negación simplemente le vuelve la espalda a la realidad. Se niega a admitir sus defectos ante sí o ante alguien más, lo cual elimina toda posibilidad de tener relaciones profundas y satisfactorias. ¿Quién lo aguantaría por mucho tiempo? Peor aún, la negación le impide crecer, cambiar y transformarse. Dios no sana lo que no se ha confesado: «Por eso, confiésense unos a otros sus pecados, y oren unos por otros, para que sean sanados» (Santiago 5.16).

- *Perfeccionismo.* El individuo atrapado en el perfeccionismo se culpa por los fracasos, grandes o pequeños. Su norma de rendimiento es la perfección, por lo que se ofrece poca gracia cuando tropieza. Constantemente se examina a fondo y se condena, y nunca se plantea como objetivo aceptarse a sí mismo.

- *Narcisismo.* El individuo narcisista adopta un punto de vista grandioso en cuanto a sí mismo y oculta sus defectos, los cuales por lo general yacen enterrados debajo de una profunda vergüenza y envidia. Teme tanto verse como realmente es que reacciona en la dirección opuesta, hacia la posición «soy especial», en la cual se vuelve arrogante y egoísta, y le es difícil sentir empatía con otros.

Medite en la presión, el estrés y el vacío que acompañan a lo que soluciona el abuso de privilegios con relación a la negación, el perfeccionismo y el narcisismo. El camino de Dios es duro porque nos lleva a enfrentarnos de veras con nosotros mismos. Pero su yugo se vuelve más fácil (véase Mateo 11.30) porque entonces podemos experimentar la gracia de Dios y la de los demás, a fin de albergar y relacionarnos con nuestro verdadero y auténtico yo, con sus aspectos negativos y todo lo demás. Este yo puede entonces ser amado, perdonado, honrado y ayudado hasta convertirse en alguien transformado, lleno de gracia, perdón y misericordia para con otros.

Quinto principio: Cómo hallar nuestro papel: Vivamos bastante y satisfechos, encontremos nuestro propósito en la vida y cumplámoslo

La vida está completa solo cuando le devolvemos al mundo lo que somos. Dios nos hizo para que transmitiéramos lo bueno que hemos experimentado. No nos sentimos satisfechos o en nuestro espacio correcto en la vida hasta que encontramos nuestras pasiones, desarrollamos nuestros talentos, experimentamos nuestra misión y nos comprometemos de manera significativa a expresar aquellas cosas que hacen del mundo un lugar mejor. Recibimos amor y nos volvemos amorosos. Luego damos amor a otros a través de nuestras relaciones y nuestros talentos.

Dios lo hizo de este modo desde el principio. Escuche la primera declaración de misión para la humanidad: «Llenen la tierra y sométanla» (Génesis 1.28). Él nos diseñó para traer orden y fecundidad al mundo. Por tanto, estamos en nuestro mejor momento cuando trabajamos duro, cuando hacemos aquello para lo que somos buenos, y cuando llevamos ese bien a otros, ya sea fabricando revestimientos para aviones, componiendo música o vendiendo inmuebles. Esta es la «tarea» que forma parte de la vida, el aspecto de «hacer» que se expresa en una profesión, en un servicio o en un pasatiempo.

Encontrar nuestro papel significa que damos al mundo una y otra vez en una manera sostenida y firme, actitud que en realidad contribuye a que vivamos más tiempo. Las investigaciones indican que el factor principal de la longevidad no son las relaciones sociales o la felicidad, sino la *diligencia,* descrita como la persistencia, confiabilidad y organización que mostramos.[1]

Existen dos maneras en que la exigencia de derechos, o creer que lo merecemos todo, obstaculiza la senda para encontrar nuestro rol y descubrir satisfacción en él:

- **Creer que lo merecemos todo limita los objetivos del individuo.** Una de las ideas más limitantes de este tipo de pensamiento es que el objetivo final de la vida es la felicidad: «Yo solo quiero ser feliz, eso es todo». La exigencia de derechos y privilegios afirma que el mayor bien es ser una persona feliz, pero en realidad ese es uno de los peores objetivos finales que podemos tener. Aquellos que tienen la felicidad como su meta final quedan atrapados en un ciclo motivador de dolor y placer. Nunca hacen lo que les causa dolor sino lo que siempre les produce placer. Eso los coloca al mismo nivel de pensamiento de un niño, que tiene dificultad para ver más allá de su temor al dolor y su amor al placer. No hay nada erróneo con la felicidad. Pero ella, en una vida sana, viene como subproducto de hacer lo que amamos, de tener propósito y de retribuir. No entregamos nuestros talentos para ser felices; los damos porque nos importa la gente y queremos tener influencia. *Por tanto* nos sentimos felices. La felicidad es un subproducto para disfrutarlo, no un sueño que debamos alcanzar.

- **Creer que lo merecemos todo limita nuestro crecimiento.** El otro fruto negativo de esta filosofía de vida es que *congela el desarrollo.* Mientras que Dios nos diseñó para descubrir y desarrollar todo tipo de grandes habilidades y pasiones, creer que lo merecemos todo influye en que nos quedemos donde estamos. Nos impide crecer, aprender, desafiarnos o intentar nuevos retos. Nos susurra: «Eso puede resultar verdaderamente difícil, no parece que valga la pena». Cuando escuchamos esta voz, algo dentro de nosotros se pone a dormir. Podríamos convertirnos en adictos a la televisión o a los videos, en fiesteros crónicos, o simplemente podríamos meternos en un atolladero rutinario que se vuelve aburrido y alienante.

Cuando encontramos el papel diseñado por Dios para nosotros, entonces todas las habilidades y fortalezas exclusivas que programó darnos desde el principio comienzan a funcionar juntas con el fin de cumplir con nuestro lugar en la gran historia final. Y aunque la felicidad no es nuestro objetivo, nunca seremos más felices.

Desarrollo de habilidades

Reflexione en algunas preguntas que le ayudarán a hacer buen uso de la estructura de Dios para su vida:

1. **¿Cuál de los cinco principios de este capítulo se ha mostrado como el más grande reto para usted? ¿En qué aspecto de la vida** —familia, trabajo, matrimonio, conquistas o algo más—, se expresa más la influencia negativa de creer que lo merece todo contra ese principio?

2. **Piense en una persona cercana, de la familia o del trabajo, que cree merecerlo todo. ¿Cómo** se originó este problema? ¿Por la familia de origen? ¿Las experiencias

escolares? ¿Las relaciones en la iglesia? ¿El matrimonio? ¿Una temporada de gran pérdida o estrés? Contestar estas preguntas le servirá no solo para ayudar a esa persona sino también para enfocarse en usar el resto del libro con el propósito de ayudarse *usted mismo* a crecer en el camino duro del éxito.

3. **Piense en que el mismo Dios no cree merecerlo todo.** Aunque él es el único ser en el universo que puede exigir para sí todos los derechos, su carácter se desborda con humildad y amor. Pídale que le ayude a vivir en la realidad, de la manera en que él mismo lo hace.

CAPÍTULO 4

CÓMO AYUDAR A OTROS QUE ESTÁN ATRAPADOS CREYENDO QUE LO MERECEN TODO

AHORA QUE HEMOS ESTABLECIDO QUÉ es la enfermedad de exigir privilegios, o creer merecerlo todo, y cómo arruina las vidas de las personas (capítulo 1), cómo puede originarse y por qué es importante combatirla (capítulo 2), y algunos principios para asumir actitudes saludables que la desplacen (capítulo 3), es hora de tratar el motivo, imagino, por el que usted agarró este libro.

La ceguera

Una vez tuve un cliente ejecutivo que, aunque sumamente talentoso y competente, indisponía a sus empleados con una actitud dura y paternal que hacía que le tuvieran temor. El hombre no podía ver lo grave que su comportamiento se había vuelto; su creencia de que lo merecía todo no le permitía ver cómo ese problema influía en él.

Sin embargo, debido a que confiábamos mutuamente, mi cliente y yo tuvimos varias charlas difíciles acerca de su comportamiento y actitud. Le expresé mi temor de que perdiera su negocio, y tal vez hasta su familia, si se negaba a cambiar. Las primeras veces que hablamos mostró poca respuesta.

No obstante, como un año después de concluir el trabajo que hicimos juntos me encontré otra vez con él.

—¿Cómo te está yendo? —le pregunté, con mucha curiosidad.

—Quedé muy enojado contigo después de nuestra última conversación —contestó—, pero ahora estoy de acuerdo con tu punto de vista.

Me contó que había comenzado a trabajar en los asuntos que me causaron tan profunda preocupación. Me sentí contento de oír

77

eso, pero me entristeció que su problema de creer que lo merecía todo le hubiera costado tanto y por un tiempo tan prolongado. No quisiera eso para nadie.

Los principios del capítulo 3, como también las habilidades y estrategias en el resto de este libro, serán igualmente útiles para que usted trate con sus propios asuntos de ínfulas de grandeza, de modo que pueda ayudar a los individuos en su entorno que creen merecerlo todo, lo cual seguramente lo frustra y le causa grave preocupación. Usted sabe quiénes son, hasta es probable que haya pensado en ellos cuando compró este libro. Un ser querido, un empleado, un colega, alguien en la iglesia, un vecino cercano, alguien que usted conoce bien padece la enfermedad de creerse merecedor de todo, y a causa de esa condición su vida y la de esa persona están siendo difíciles e improductivas. Usted quiere algo mejor para esas personas, y sabe que una vida de éxito en el camino duro las beneficiará tanto a ellas como a sus relaciones, a sus vidas *y* también a la relación que tienen con usted mismo.

Sin embargo, dudo que alguien le esté enviando mensajes de texto en los que le suplique: «¡Auxilio! Padezco la enfermedad de creer que lo merezco todo, ¡y tú tienes una cura!». Gran parte del problema es la ceguera al problema mismo.

¿Qué causa tal ceguera? Creer merecerlo todo crea la ilusión de que «*Mi vida y cómo influyo en otros no constituyen problema alguno*». Esta ilusión crea una atmósfera dentro de la cual ese comportamiento puede continuar. Si en lugar de eso el individuo pensara: *Mi vida y cómo influyo en otros, en realidad, son en sí problemas, y son mis problemas*, sería muy probable que hiciera el duro trabajo que se requiere para cambiar. Tenga esto en mente: La ayuda para los individuos que creen merecerlo todo, o que se la pasan exigiendo derechos y privilegios, rara vez tiene éxito después de una conversación. Se necesita una serie de conversaciones y encuentros a través del tiempo... pero *funciona*.

En este capítulo presento una visión general de los elementos que le darán las mejores posibilidades de influir realmente en la vida y en las actitudes de esa persona. Mire este capítulo como una caja de herramientas que le ofrecerá lo que necesita para ayudar al individuo a pasar de creer que lo merece todo a vivir en el camino duro.

Recuerde que aquí no existen garantías y que nadie es un proyecto. Dios concedió libre albedrío a los seres humanos, el cual debemos respetar. ¿No desea usted mantener también su propia libertad de elegir? Mírelo de este modo: *Usted está influyendo en que estos individuos lleguen a ser lo que Dios diseñó que fueran en primer lugar.* Aunque al principio muestren poco interés, recuerde que Dios los creó para que estén sanos. Él estableció su mundo de tal manera que el camino duro lleve a la mejor vida posible. Quienes quieran que sean, parte de ellos desea intensamente esto. Por último, no olvide que Dios está de su parte, y que si está de su parte, entonces ¿quién puede estar contra usted? (Véase Romanos 8.31).

Recuerde además que hasta cierto punto todos sufrimos de la enfermedad de creer que lo merecemos todo, y por eso es que aunque este libro se escribió para ayudar a las personas de su entorno que estén padeciendo este mal, también estoy apremiándolo a que aplique estas lecciones a su propia vida. Le ayudarán a vivir de manera más exitosa. ¡Usted se verá reflejado en estas páginas!

La rehabilitación

El proceso de ayudar a un individuo que cree merecerlo todo se asemeja a la terapia física. No hace mucho tiempo me lesioné el manguito rotador del hombro derecho cuando entrenaba de modo erróneo en el gimnasio. Mi lesión no necesitaba cirugía, pero debí acudir a Dave, un fisioterapeuta.

Dave recurrió a una serie de técnicas para ayudarme. Me hizo estirar, usó bandas de goma, me aplicó estimulación eléctrica, y empleó compresas frías y calientes. Me forzó a trabajar en otras partes de mi cuerpo que se habían descompensado por la debilidad en el hombro. Además trabajó en mis períodos de descanso y en mi nutrición.

Con el tiempo recuperé todas las fuerzas. Pero durante todo el período que Dave y yo trabajamos juntos, aunque estábamos en la misma longitud de onda en cuanto al proceso, mi manguito rotador me dolía. El músculo estaba dañado y maltrecho, por lo que se resistía a nuestros esfuerzos. Se había acostumbrado a las viejas y protectoras maneras de tratar con el daño a las que recurrí antes de empezar la fisioterapia. No obstante, con el tiempo el proceso funcionó.

Eso es muy parecido a lo que pasará con la persona a la que usted está tratando de ayudar. Usted es Dave y su individuo que cree merecerlo todo es mi manguito rotador. Los elementos de la terapia que usted usará como se describe a grandes rasgos en este capítulo le darán un golpe a los comportamientos y las actitudes que ayudarán a esa persona. Pero no espere que no se presenten problemas ni que el proceso sea rápido.

Dé una mirada a su «por qué»

En primer lugar, ¿por qué quiere molestarse en ayudar a ese pariente, a ese amigo o a esos empleados? A fin de mantener enfocada su energía y su tiempo, usted debe saber con claridad por qué desea hacer esto. Asegúrese de que sus motivaciones sean buenas y saludables. A todos nos resulta fácil estar motivados por razones menos que óptimas. La gente se frustra con los que creen merecerlo todo, y se siente tan indefensa para hacer algo al respecto que su irritación puede distorsionar sus motivos. Si no está actuando principalmente por amor y preocupación por aquel a quien trata de ayudar, entonces sus razones son sospechosas.

Considere algunos de los «por qué» que usted debería abandonar. No permita que alguno de ellos se convierta en su motivación principal:

- *Reducir el estrés de usted que le ocasiona la mala conducta de esa persona.* Aunque esta consideración podría ser importante, no puede ser su motivo principal. ¿Por qué no? Porque eso reduce al individuo al papel de una molestia para usted, un proyecto, algo que arreglar como un grifo que gotea, lo cual no es muy tierno. Además, los límites buenos pueden hacer mucho por reducir su estrés con la persona, sin la inversión de tiempo y energía requerida para cambiarla. Decir no a alguien que de manera inmerecida pide una operación de rescate es un no que le ayuda a usted; no es una experiencia transformadora que cambia a esa persona.

- *Desahogar su ira con la persona.* Todo el mundo se enoja con aquellos que creen merecerlo todo. *¡Es* realmente irritante! Pero si este es un proyecto para «ponerlos en el buen camino» o sentir un poco de liberación porque finalmente podría reprenderlos y mostrarles su irritación, el proyecto fracasará. Trate con su enojo en otras maneras (oración, desahogarse con otros, hacer ejercicio). Desahogarse no es un motivo eficaz para trabajar con personas difíciles.

- *Hacerle ver a esa persona* cómo *lo ha afectado.* Este motivo tiene más que ver con usted que con el otro individuo. Por supuesto, haría sentir bien que las luces se encendieran y que esos seres manifestaran: «Oh, Dios mío, ¡siento mucho haberme aprovechado de ti durante todos estos años! A menudo, *en algún momento,* la persona que cree merecerlo todo tendrá la conciencia para ver su influencia dañina en los demás. Pero esa conciencia debería servir para el crecimiento de ella, no para la satisfacción suya.

He aquí el mejor y más exaltado «por qué» para usted: *Ayudaré porque deseo que esa persona viva bien, se relacione bien y trabaje bien.* En otras palabras, usted decide ayudar porque sabe que creer merecerlo todo perjudica la vida, las relaciones y la capacidad del individuo para completar con éxito las tareas importantes. Incluso en lo menos destructivo, esa condición evita que la persona alcance su máximo potencial. Pero en el peor de los casos, alguien así puede sufrir derrotas devastadoras y hasta una muerte temprana.

La mejor palabra para resumir este «por qué» es amor. Usted se siente motivado a ayudar simplemente porque desea lo mejor para esa persona; eso es lo que lo motiva a comprometerse con ella. Ese es el motivo más profundo de Dios mismo, que actúa a nuestro favor: «Dios demuestra su amor por nosotros en esto: en que cuando todavía éramos pecadores, Cristo murió por nosotros» (Romanos 5.8). Este tipo de motivación transmitirá la gracia y el cuidado que usted siente de veras hacia esa persona cercana que cree merecerlo todo.

Tenga claro el resultado deseado

Asegúrese de saber lo que desea ver que suceda a través del proceso que está a punto de iniciar con esa persona. Así declara el asesor y escritor Stephen Covey: «Comience con el final en mente».[2]

El mejor resultado posible es que el individuo que cree merecerlo todo *decida aceptar las exigencias de la realidad.* Este objetivo abarca todo. Significa que ya no se ve como alguien que merece un trato especial, que está por encima de todo, o que puede comportarse como quiera sin que le importe la manera en que afecta a los demás. Significa que se pone sobre los hombros las cargas y la responsabilidad que le corresponden, sabiendo que está haciendo que la vida sea mejor para sí mismo, para otros, y para el mundo.

Ingreso al proceso de dolor

Uno de los resultados actitudinales más importantes que resultan de vencer la creencia de que se merece todo es que la persona a la que usted trata de pastorear salga de las actitudes que le producen su condición para entrar en el proceso de dolor. Esta es una señal de que están sucediendo cosas buenas. El dolor es la emoción que acompaña a la pérdida y al abandono de las cosas o personas que no podemos tener. Hablando de modo emocional, el trabajo con la creencia de que se merece todo tiende a ir en fases:

- *Negación*: La persona niega que haya algo malo con ella; todo es culpa de los demás.

- *Protesta*: La ira que siente cuando se enfrenta con la realidad.

- *Recrudecimiento*: El mal comportamiento que sufre cuando la realidad no desaparece.

- *Dolor*: La señal de que está aceptando que no es quien creía ser y que se está sintiendo triste por la pérdida que debe enfrentar.

- *Adaptación*: Después de abandonar lo que se debe rechazar, la persona vive con una actitud de amor, gratitud y disciplina.

Usted conoce a alguien que esté llegando a esta etapa cuando dicha persona comienza a manifestar pensamientos como los siguientes:

- *Quisiera decir o hacer lo que me gusta, pero eso ya no funciona.*

- *No puedo tener todo lo que quiero.*

- *Ahora tengo que hacer cosas que no quería o que no me gustaba hacer.*

- *Debo tratar con pérdidas como las de relaciones, dinero, oportunidades y tiempo.*

- *He lastimado a personas que amo.*

- *Me he hecho daño y no he sido la persona que pude haber sido.*

- *Debo enfrentar los remordimientos a causa de mis decisiones.*

Sin duda estos son pensamientos «negativos». Son tan negativos como la confesión y el arrepentimiento, y al igual que la confesión y el arrepentimiento, tales pensamientos señalan la vida en la dirección correcta. Cuando empezamos a escuchar comentarios como estos, nos damos cuenta de que nuestra persona se está dirigiendo hacia un gran resultado.

Pero los comentarios no bastan. Queremos ver cambios tanto en actitud como en comportamiento, puesto que ambos son necesarios. Expresar «entiendo, todo se trata de mí y de lo que no está bien», es algo bueno, es progreso; pero si a esto no lo siguen mejores *decisiones,* no se producirá el éxito completo. Recuerdo un tipo de semilla que Jesús mencionó en una parábola famosa: «El que recibió la semilla que cayó en terreno pedregoso es el que oye la palabra e inmediatamente la recibe con alegría; pero como no tiene raíz, dura poco tiempo» (Mateo 13.20-21). Gran inicio, pero mala continuación.

Para la persona que empieza a cambiar comportamientos, refunfuñando todo el tiempo y mostrándose resentida, pero haciéndolo debido a que le teme a usted, o porque no quiere las consecuencias con que la amenaza, *es* progreso. Es mejor que nada. Pero no es el panorama completo. Muchas son las veces que mis hijos limpiaron sus cuartos, sintiéndose irritados conmigo todo el tiempo, pero nunca recuerdo que hayan dicho: «Gracias por ser un papá que está desarrollando mi ética de trabajo». (Sin embargo, el cuarto quedó limpio).

Los investigadores que estudian el cambio personal tienen ahora un punto de vista neurológico de este proceso. Alguien debe experimentar el «momento eureka», en que se encienden las luces, arden las neuronas y viene una nueva comprensión, como la experiencia de Pablo en el camino a Damasco (véase Hechos 9.1-6). Ese momento eureka es necesario, porque el cambio exterior empieza mejor con un cambio interior.

Sin embargo, este solo es el principio. En la siguiente fase nuestras sendas neurales deben entrenarse para hacer las cosas de una manera distinta y mejor. Aquí es donde entran los hábitos: hábitos de pensar con regularidad acerca de otras personas, de asumir responsabilidad e iniciativa, de hacer lo correcto aunque sea difícil.

He visto que el proceso se inicia en ambos sentidos. A veces será una conversación clara en que la persona que cree merecerlo todo ve dramáticamente lo que debe cambiar. No obstante, más a menudo empieza con un cambio de comportamiento de mala gana debido a la presión tanto de la relación como de la realidad. El cambio de actitud viene más tarde. La razón de que esto ocurra más a menudo en esta forma se debe a que la ya mencionada ilusión de creer merecerlo todo detona por la «amenaza» inicial, y el individuo que padece esta condición piensa que debe aferrarse de modo obstinado y determinado a la posición que afirma que «No estoy equivocado", "Merezco un trato especial", "No influyo negativamente en los demás"». Para cuando finalmente estos individuos que creen merecerlo todo ven la realidad, podrían sentir tristeza, culpa, remordimiento, arrepentimiento y vergüenza por sus acciones. Ellos saben que dicha realidad sería abrumadoramente dolorosa. Por tanto juzgan con rebeldía la posición que asume que: «Es mejor hacer caso omiso a la realidad y sentirme bien, que ver la realidad y sentirme mal». El trabajo de suyo, como agente de cambio, es ayudar a que esos individuos venzan la aversión que tienen a tratar con la realidad.

Evaluemos nuestra equidad

¿Por qué su empleado, cita, hijo, pariente o cónyuge deberían escucharlo en primer lugar? Lo más probable es que usted haya tenido algún tipo de conversación con ellos, quizás varias. Muchas personas que tienen a alguien cercano que cree merecerlo todo muestran ingenuidad acerca de lo que se llama *esperanza defensiva*. Esto es esperanza que no se basa para nada en realidad alguna. Se trata simplemente de esperanza basada en deseos o anhelos.

Estas personas esperan debido a que esperan porque esperan. Henry Cloud y yo escribimos acerca de este fenómeno en nuestro libro *Personas seguras*.[3] Esta esperanza defensiva lleva falsamente al individuo a tratar de usar una y otra vez la lógica y la razón con la persona que cree merecerlo todo: «Le dije muchas veces que debía llegar a tiempo al trabajo y es como si no hubiera escuchado». La realidad no es que fue «como» si no escuchara; en realidad *no* escuchó. Es necesario hacer más que repetir con la esperanza de que *esta* conversación ocasione el *eureka*. En lugar de eso se debe evaluar qué equidad existe en la relación que se tiene con esa persona, que influya en que ella ponga atención. Por lo general, se necesita una mezcla de lo siguiente:

La relación. Si usted ha sido atento, amoroso, confiable y útil con esa persona, todo ello importa. Registrada en las células cerebrales de ella está la historia que ustedes dos tienen y que demuestra que usted está realmente «con» él o ella. La apelación personal que le haga a tal persona puede ser determinante, algo como: «¿Te das cuenta de que estoy "contigo", incluso en este momento difícil, y que quiero ayudarte?». Usted puede sacar provecho de esto. Se lo ha ganado a lo largo del tiempo.

Bondad. No empiece con la advertencia: «Sería mejor que mostraras un poco de compostura». Al contrario, empiece con bondad: «Me preocupas, deseo lo mejor para ti. A decir verdad, sé que no puedo hacerte cambiar y por eso a veces me siento impotente». A menudo esto ayuda a la persona a ser menos defensiva y a ver cómo está afectando la vida y los sentimientos suyos.

Comprensión. En ocasiones la persona que cree merecerlo todo debe saber que el agente de cambio la ve como alguien buena y que entiende que no todo lo malo es culpa de ella. Esto ayuda a expresar algo así como: «Sé que el problema de tu rendimiento laboral lo ocasionan muchas aspectos y que no es tu intención que las cosas sean de este modo».

Necesidad y consecuencias. Digámoslo sin rodeos: ¿Cuánta influencia tiene usted? ¿Qué necesita de usted esa persona que pueda influir en ella? A nivel personal podría tratarse de calidez, amor, actitud positiva, fortaleza y estructura que usted podría proporcionar. A nivel práctico, podría ser que como supervisor usted esté encargado de los ascensos, los descensos y de que esta persona conserve el empleo. Como padre, podría ser que la persona sea económicamente dependiente de usted. ¿Parece esto algo manipulador? Al contrario, es sincero y directo, y *refuerza la verdad de que las acciones tienen consecuencias.* Piénselo de esta manera: *La mayoría de las personas que creen merecerlo todo son dependientes.* Salen con sus actitudes porque alguien está protegiéndolas de las consecuencias. Explotan y arden mucho antes si ese alguien se niega a inventarles excusas, a darles una cantidad infinita de últimas oportunidades, y a pagar por las equivocaciones que cometen. Es probable que ese individuo no cambie a menos que experimente su propia dependencia y lo que sucede cuando usted ya no actúe como su red de seguridad.

Comunidad. Tal persona podría ser capaz de no tomarlo a usted en cuenta o de inventarle excusas de manera individual, pero encontrará mucho más difícil hacer caso omiso de otras personas también sensatas y saludables que declaren el mismo mensaje. Las intervenciones con adictos se basan en esta verdad, lo cual tiene su fundamento en las enseñanzas de Jesús:

Si tu hermano peca contra ti, ve a solas con él y hazle ver su falta. Si te hace caso, has ganado a tu hermano. Pero si no, lleva contigo a uno o dos más, para que «todo asunto se resuelva mediante el testimonio de dos o tres testigos». Si se niega a hacerles caso a ellos, díselo a la iglesia; y si incluso a la iglesia no le hace caso, trátalo como si fuera un incrédulo o un renegado. (Mateo 18.15-17)

Mientras más grande la cantidad de personas implicadas, más poderoso es el mensaje.

Así que piense en los recursos que puede aprovechar. Escríbalos. Hable al respecto con otras personas que conozcan a quien usted está tratando de alcanzar.

Empiece con una conversación sensible

Cambiar una actitud que se cree merecerlo todo casi siempre empieza con una conversación entre dos individuos. La mayoría de las veces la postura de esa persona hace que no vea el daño que está haciéndose tanto a sí misma como a otros. No es algo eficaz dejar que la frustración que usted siente lo lleve a tomar medidas inmediatas, tales como terminar la relación, pedir a alguien que se vaya o despedirlo. Empiece con la conversación diseñada para iniciar el proceso, *aunque ya haya tenido muchas conversaciones anteriores*. Esta vez usted está actuando de manera diferente.

Este tipo de conversación tiene dos elementos: *susceptibilidad* y *declaración de cómo usted experimenta la creencia de quienes piensan que lo merecen todo*. Uno de esos elementos se refiere a la forma en que usted se ve afectado, y el otro describe lo que ve en la persona que tiene el problema.

Vulnerabilidad. Ser vulnerable significa ir más allá de la frustración y la ira para que usted pueda expresar sus sentimientos de preocupación por la persona, así como su exposición al dolor debido a la conducta que esta demuestra. Por ejemplo, supongamos que la creencia que su madre tiene de merecerlo todo la lleva a dominar las conversaciones y a hablarles a usted y a su cónyuge sobre cómo ser padres. Esa actitud absorbe todo el oxígeno del sitio. Usted también ha visto cómo hace ella que otras personas se alejen, pero nadie le ha dicho nada al respecto. La declaración susceptible para empezar el tema podría ser: «Mamá, deseo tener mejor relación contigo porque te amo. Quiero apoyarte y llevarme bien contigo. Pero se me dificulta cuando haces que toda la conversación gire alrededor de ti y de lo que estás haciendo, y no preguntas qué está pasando en mi mundo. Eso me desconecta de ti y hace que te evite, y no deseo que eso suceda entre tú y yo». ¿Ve usted cómo esa afirmación empezó con una expresión de cuidado, necesidad y preocupación? No hay mensaje de juicio, condenación ni de algún «deberías».

Clarificar cómo ha experimentado usted la conducta de la otra persona que cree merecerlo todo. Lo que quiero decir con esto es que le haga ver cómo ve el comportamiento de ella. Esa persona no tiene idea de que las cosas son así, ni de que otros la perciben de ese modo. Usted podría decir algo como: «No creo que quieras dar esa impresión, mamá, pero a veces parece como si creyeras que yo nunca debería discordar con tu opinión, que quieres controlar todo, y que necesito que me supervises y dirijas. Me resulta difícil aceptar eso».

Declaraciones como esta podrían herir sentimientos, pero incluso así usted ha hecho realmente un gran favor a quien cree merecerlo todo. Le ha dado una información basada en la realidad que proporciona una crítica clara, una *categoría* para ella. Usted no está siendo vago ni general (como al decir: «Simplemente no puedo llevarme bien contigo; me das una extraña impresión»). Usted está siendo específico y ayudando a esa persona en un punto ciego. Le ha provisto algo en qué pensar, qué analizar con otros, qué revisar en la Biblia, y qué investigar.

Para que alguien escape de la mentalidad de creer merecerlo todo primero es necesario que entienda que tiene la enfermedad. Alguien tiene que decir algo. De lo contrario, ¿cómo puede cambiar? *Todas* las personas con que he trabajado y que han salido de esta condición (y me refiero al cien por ciento) me han dicho que en algún momento específico alguien les dijo en alguna forma o manera: «Te estás comportando como si fueras más especial que los demás». La declaración pudo haberles herido los sentimientos o hacerlas enojar; incluso pudo haberles estremecido el mundo. Pero se les dijo lo que era necesario.

Cambiamos solo cuando conocemos el problema, como le dijera Natán a David con relación al propio pecado de adulterio del rey: «¡Tú eres ese hombre!» (2 Samuel 12.7). La tranquila declaración del profeta cambió la vida de David.

La respuesta de esta persona que se cree con derechos a esta conversación vulnerable en realidad ofrecerá un indicio de la gravedad de su creencia errónea. Un individuo con un caso leve podría sentir remordimiento y tristeza; quizás al instante exprese preocupación en cuanto a cualquier daño que su actitud pudo haber ocasionado. Si ese es el caso, usted podría haber ganado un amigo cuyo crecimiento disfrutará en los próximos meses. (¡Espero que tenga esta actitud cuando alguien le señale su *propia* creencia menor de merecerlo todo!)

Por desdicha, tales respuestas son minoritarias. En la mayoría de los casos una conversación como esta debe ser seguida por otra (generalmente iniciada por usted) que mida la intensidad a un nivel superior, como se explica en la siguiente sección.

Siga con una conversación basada en las consecuencias

El objetivo de una conversación basada en las consecuencias es proporcionar una dosis de realidad a la persona que cree merecerlo todo. En verdad, usted está dándole vuelta al calor de la conversación anterior.

Por ejemplo, supongamos que tiene un hijo adulto que vive en casa y no trabaja ni estudia ni colabora con los gastos. Usted ya ha tenido varias conversaciones con su hijo que no dieron cambio alguno como resultado. Es hora de iniciar una conversación basada en las consecuencias, la que debe incluir estos siete elementos:

1. *Usted está «interesado» en él*: «Brandon, me preocupo por ti, quiero que tengas éxito».

2. *Usted está preocupado por algunas actitudes y conductas negativas*: «No está bien que sigas viviendo en casa sin trabajar ni estudiar. Me preocupa que no estés enfrentando la realidad. Estás haciendo caso omiso a tus responsabilidades y eso no funciona en nuestra casa».

3. *Usted mismo ha sido parte del problema*: «No he sido claro ni firme con mis expectativas, y he esperado demasiado tiempo para plantear el tema. Siento mucho eso».

4. *Usted establece criterios definidos para el cambio*: «Tienes sesenta días y, al final de ese tiempo, debes haberte matriculado en una universidad cercana de tiempo completo y tener un trabajo de medio tiempo, o deberás tener un trabajo de tiempo completo y estar contribuyendo a tus costos de habitación y comida».

5. *Habrá consecuencias si no hay cambios*: «Si esto no sucede, entonces el día sesenta y uno habré empacado tus cosas. Te daré una garantía para un apartamento y el primer mes de renta».

6. *Usted quiere oírlo hablar*: «Me gustaría oír tu opinión al respecto». (Si él tiene una razón válida y objetiva que no ha considerado, como un grave problema de salud del que usted no tenía idea, entonces quizás deba replantear

el asunto. De lo contrario, óigalo durante tres minutos y luego siga adelante).

7. *Repítale que está «con» él*: «Siento mucho que hayamos tenido esta charla tan difícil, pero me preocupo por ti y espero que tomes las decisiones correctas».

(Si desea leer más acerca de estos pasos, revise el libro que Henry Cloud y yo escribimos: *Cómo sostener esa difícil conversación que ha estado evitando*[4]).

Mantenga esta conversación sencilla. Usted querrá ser comprensible, claro y afectuoso. No se obsesione con los detalles... todo puede corregirse. Lo que importan son los principios generales. Solo asegúrese de implementar los elementos básicos incluidos aquí. Esta estrategia funciona igualmente bien con un niño de diez años, con un empleado, con un cónyuge, con un amigo o con un pariente.

Manténgase firme

Esté listo para enfrentar el enojo, el maltrato, el resentimiento y las diatribas. Recuerde con quién está tratando. ¡Creer que se merece todo no es algo que pueda echarse atrás rápidamente! Pero así como Dios está dedicado a «liberar de su pueblo la creencia de que lo merece todo», así también usted es parte del proceso... igual que todos deberíamos serlo unos con otros. He aquí algunas sugerencias que le ayudarán:

- *No se lo tome de forma personal*. En última instancia él está enojado con la realidad, furioso porque no puede ser un pequeño dios. No se trata de usted.

- *Sea amable, no crítico*. No le dé al otro un motivo para creer que usted es el problema. Usted desea que él luche con la realidad y que pierda esa pelea. Por tanto, sea amable.

- *Use su equipo de vida*. Cuando usted esté tentado a ser hostil, o se sienta culpable, o esté listo para destrozar completamente a la persona que cree merecerlo todo, llame a su equipo de vida. Deje que lo escuchen, apoyen y animen.

- *Recuerde que los hornos necesitan tiempo*. Este no es un proceso de microondas. No hay atajos, ni estrategia fácil; se trata del camino duro. Sea paciente, pero manténgase firme.

- *Apoye cualquier pequeño incremento de cambio*. Haga fiesta cuando la otra persona diga: «Tal vez yo *haya* tenido una actitud de superioridad», o cuando con resentimiento ella llegue a tiempo al trabajo. Movimiento es movimiento. Afírmela. Pero manténgase firme.

¿Funcionará? Por supuesto que usted no puede obligar a nadie a cambiar, pero estos elementos son realmente elementos de Dios, tomados de principios bíblicos. Él los diseñó de tal modo que funcionen para todos nosotros.

El programa puede funcionar si usted lo pone a funcionar

Esta estrategia no es una simple teoría, y no se trata solo de conjeturas; está conformada por enfoques prácticos que he visto que obran en muchas ocasiones.

Empecé este libro con la historia de una familia que tenía una difícil situación de abuso de privilegios en casa. Ahora déjeme contarle el final. Antes de que habláramos, el papá y la mamá habían abordado el problema con una combinación de sentimientos de culpa, regaños y amenazas furiosas que no se habían cumplido. En definitiva, el programa que tenían no estaba dando resultado. Arreglamos la estrategia basándonos en los principios de este libro. El papá y la mamá fueron positivos y de apoyo para su hijo, pero también claros y firmes en cuanto al abuso de los privilegios. El joven terminó saliendo de casa antes de lo que deseaba. Pero lo vi casi un año después. Estaba trabajando, tenía su propio apartamento, y también autoestima. Me dijo: «Yo necesitaba el empujón. No fue divertido, pero me hizo crecer. Ahora estoy donde quiero».

He visto este resultado positivo en familias con hijos adultos y también con hijos menores. He visto funcionar estos principios en organizaciones con empleados que creen merecerlo todo y en amistades en que debe cambiarse algo. Las técnicas descritas en este libro le ayudarán a hacer una transformación en su entorno y en sus relaciones. Ahora únase a mí mientras, en el resto de los capítulos, examinamos las maneras prácticas de ayudar a que la persona cercana que cree merecerlo todo asuma la responsabilidad y rinda cuentas.

Desarrollo de habilidades

1. Trate con su propia exigencia de derechos sin merecerlos. Todos tenemos algún tipo de **ínfulas de grandeza** en algún aspecto de la vida. Trabaje duro y sea sincero a medida que identifica el problema. Luego sáquese la viga del ojo; si usted va a pedir a su amigo, pariente o empleado que haga el trabajo duro de deshacerse de la enfermedad de creer que lo merece todo, primero debe estar dispuesto a hacerlo consigo mismo. Piense en los principios y las técnicas que hemos aprendido hasta aquí. ¿Cómo funcionan con usted? ¿Cuáles han sido los más eficaces? Esta «auditoría interna a la creencia de que lo merece todo» le dará una visión interior del proceso.

2. Revise sus fracasos hasta aquí con la persona que cree merecerlo todo. ¿Qué ha salido mal en sus intentos anteriores lidiando con el problema de su persona? ¿En qué no fue claro? ¿No cumplió la amenaza? ¿Dio paso a la impaciencia? ¿Juzgó? Identifique las actitudes que tal vez tenga que cambiar.

3. Esté preparado para ajustar su estrategia. Pruebe las sugerencias enumeradas bajo el subtítulo «Manténgase firme» con una de las personas que usted conoce que cree merecerlo todo. Revíselas con su equipo de vida y ajústelas. No tiene que hacer todo ahora mismo. Es más, con eso de creer que se merece todo siempre debemos estar listos para cambiar el juego, si la situación se modifica **rápidamente, como sucede a menudo. Esta senda no** siempre es empedrada y cada encuentro es distinto. Pero comprométase y manténgase en acción.

CAPÍTULO 5

MOTIVACIÓN:

¿POR QUÉ PASAR POR TODAS ESAS DIFICULTADES?

LA PELÍCULA *UN EQUIPO MUY especial* sigue las vidas de varias jugadoras profesionales de béisbol durante la Segunda Guerra Mundial. En cierto momento una jugadora llamada Dottie anuncia que quiere renunciar porque el trabajo se ha vuelto muy difícil. Su técnico, Jimmy, reta su decisión. Le señala cuánta pasión le produce el deporte a ella. Luego termina con una frase inolvidable acerca del béisbol: «Se *supone* que sea difícil, si no cualquiera lo haría. Es lo difícil lo que lo hace grandioso».

¿Se ha sentido alguna vez como Dottie cuando se trata de hacer cosas difíciles? Creo que a todos nos pasa. Pero al que cree que se merece todo *no* le gusta enfrentar cosas difíciles y, si queremos derrotar eso, Jimmy tiene algo importante que debemos aprender. Si compró este libro para que le ayude a representar a «Jimmy» en la vida de alguien que cree merecerlo todo, su meta encuentra la motivación que esa persona necesita para cambiar de curso y emprender el camino duro.

Cualquier persona que desee lograr algún resultado que valga la pena debe transitar de manera deliberada e intencional por el camino duro, y para eso necesita motivación. Nuestros cerebros y nuestros cuerpos nos gritan que no nos levantemos temprano en la mañana, que evitemos esa conversación difícil, que renunciemos a esa difícil búsqueda de trabajo. Cuando comienzan los gritos, todos necesitamos alguna base estable para volver a empezar, algunas razones básicas que puedan ayudarnos a seguir adelante. Este capítulo está diseñado para ayudarle a encontrar esa motivación. Es más, quizás deba regresar a este capítulo varias veces a medida que se comprometa con la persona que cree merecerlo todo, porque cuando las cosas se ponen difíciles todos necesitamos ánimo firme para seguir adelante en la búsqueda de nuestros objetivos.

Porque deseamos «mejorar»

El exigir derechos nos susurra que sigamos la vida fácil, que retrocedamos y que nos calmemos. Nos seduce con palabras blandas como: «Oye, tú vales la pena. No mereces tener que ponerlo en un modo tan difícil». Pero esa condición y una vida mejor simplemente no van de la mano. Al igual que el agua y el aceite, no se mezclan. ¿Quiere saber la principal y mejor motivación para transitar por el camino duro? Hela aquí, en toda su simplicidad:

La persona que cree merecerlo todo debe querer
algo mejor que lo que ahora tiene.

¿Qué tipo de «mejoría» desea usted en su propia vida? Probablemente muchas cosas. Usted no tiene que ser indigente, estar sin dinero o deambular en la calle para desear circunstancias mejores. Quizás desee una de las siguientes cosas «mejores»:

- Cambiar de un trabajo básico a una carrera con buen potencial de crecimiento.

- Crear y poseer un pequeño negocio con que pueda proveer bien para su familia.

- Disfrutar una carrera satisfactoria en la cual se convierta en el mejor de su clase.

- Transformar su matrimonio problemático en una amorosa unión caracterizada por el afecto y el cuidado.

- Querer que su matrimonio «aceptable» llegue a estar más profundamente conectado y apasionado.

- Desear una vida amorosa que le permita encontrar a alguien que sea a la vez un gran partido como una gran relación en su vida.

- Anhelar un servicio o ministerio en que pueda satisfacer su deseo de ayudar a otros, usando sus talentos y dones para obtener resultados visibles.

- Mirarse en el espejo y ver un cuerpo con más fortaleza, tono y salud.

Tal vez lo que *usted* quiere no aparezca en esta lista, pero al menos sé una cosa acerca de usted: si tiene pulso, *en algún aspecto de su vida desea algo mejor que lo que actualmente tiene.*

La única excepción que se me ocurre es que esté clínicamente deprimido. En ese caso debe conseguir ayuda profesional para reavivar en usted un deseo por algo mejor y un anhelo por mejorar.

Las personas motivadas siempre sienten algún tipo de malestar, alguna insatisfacción, algún deseo por algo mejor. Desde luego, tales sentimientos no suelen parecer agradables. Es más, podrían sentirse profundamente incómodos. Pero, como a menudo esa sensación de incomodidad nos motiva a una vida mejor, es importante permitirnos *sentirla* realmente.

Creer que merecemos todo facilita demasiado el que nos sintamos contentos con la mediocridad, de modo que aceptemos algo menos que lo mejor, simplemente porque buscar «algo mejor» es demasiado difícil. La verdad es que quienes optan por ir tras «algo mejor» saben desde el principio que andar en tal camino casi *nunca* es fácil.

Fui invitado por un ministerio deportivo con el que trabajo para que llevara a mi familia al Súper Tazón 2014 y hablar allí en uno de los espectáculos. Después del triunfo de Seattle, centenares de entrevistadores querían hablar con los vencedores, los Seahawks. Una y otra vez los jugadores describieron no solamente su euforia por ganar el campeonato, sino que dijeron que estaban listos para el trabajo difícil de la temporada siguiente, la cual esperaban que resultara en un segundo campeonato en 2015. Un ser humano normal podría pensar: ¡Simplemente disfruten esto! ¡El año entrante está muy lejos! Pero los atletas selectos no piensan así. Incluso en la euforia de la victoria —en los vestuarios— sienten el fuerte deseo de trepar la cima de la siguiente montaña, y eso es lo que los motiva a obtener más logros.

Muy a menudo nuestra voz interior acalla el malestar del deseo:

Estoy bien viviendo con mis padres.

Este trabajo es bueno; montones de personas tienen algo peor.

Al menos no peleamos mucho en nuestro matrimonio.

Tales declaraciones sirven como una especie de antidepresivo para evitar que sintamos el deseo legítimo que nos da Dios por mejorar. Pero también es importante distinguir entre esas afirmaciones (o «deseos acallados») y la voz de Dios, que podría estar diciendo: «Conténtate»:

No digo esto porque esté necesitado, pues he aprendido a estar satisfecho en cualquier situación en que me encuentre. Sé lo que es vivir en la pobreza, y lo que es vivir en la abundancia. He aprendido a vivir en todas y cada una de las circunstancias, tanto a quedar saciado como a pasar hambre, a tener de sobra como a sufrir escasez. Todo lo puedo en Cristo que me fortalece (Filipenses 4.11-13).

¿Cómo saber la diferencia? La mejor manera es: Primero, rendirse; es decir, ser receptivo a cualquier cosa que Dios esté diciendo. Segundo, ser sinceros en cuanto a lo que estamos sintiendo por dentro. ¿Es este un momento de rendición a Dios? ¿O se trata de desánimo, fatiga o temor?

En los individuos sanos hay una brecha, un espacio, entre donde están y donde quieren estar. Esta brecha es lo que crea y promueve un deseo de cambio.

Considere la persona que no está en la brecha. Se cree perfecta e ideal. Ha obtenido todo lo que cree que vale la pena alcanzar. Piensa que «lo tiene todo junto». No hay nada que tendría que cambiar en cuanto a sí mismo. Las personas como estas no tienen metas ni deficiencias, al menos en sus propias mentes.

Los hombres y las mujeres con este tipo de actitud con que me he topado por lo general tienen que experimentar pérdidas difíciles y conflictos relacionales antes de que despierten a la realidad de que *todos* tenemos una brecha, estemos conscientes o no de ella. «Creí que todo estaba bien hasta que mis hijos no me hablaron después que crecieron. Solo entonces me di cuenta de lo desorientado que había estado».

En su libro *Divina insatisfacción*, Bill Hybels describe una «tormenta de frustración» que nos motiva a vivir de modo más significativo.[5] Cuando combinamos esa frustración con el deseo de mejorar en nuestra propia vida descubrimos la motivación para salir del abuso de privilegios y vivir en el camino duro. La receta se parece a algo así:

Para vivir en el camino duro debemos experimentar
la brecha entre donde estamos y donde queremos
estar. Además, debemos llegar a creer que tratar con la
brecha es asunto nuestro y responsabilidad nuestra.

Como ya dije, esta no es una experiencia agradable; es más, puede ser dolorosa. Pero no existe otro camino para derrotar la creencia de que lo merecemos todo y conseguir la vida mejor que realmente queremos.

Un vendedor se acercó al porche de una casa de campo donde el granjero se hallaba sentado con su perro acostado a su lado. El perro gemía constantemente.

—Señor —inquirió preocupado el vendedor—, ¿está bien su perro?

—No —respondió el granjero—, está acostado sobre una tachuela.

—¿Y por qué no se hace a un lado de la tachuela? —preguntó confundido el vendedor.

—Supongo que todavía no lo ha lastimado suficiente —contestó el granjero.

El perro tenía una herida (o brecha), pero no suficientemente dolorosa. La brecha le hacía sentir dolor suficiente como para hacerlo gemir, pero no era tan insoportable como para motivarlo a que se hiciera a un lado de la tachuela.

Con frecuencia, creer que lo merecemos todo origina pensamientos negativos para enfrentar nuestra motivación:

- *Es demasiado difícil.*

- *Nos sentimos satisfechos con lo que tenemos.*

- *Simplemente esperamos que alguien nos ayude.*

Pero esos pensamientos no nos ayudarán ahora ni en el futuro. Por tanto, no temamos experimentar nuestro deseo de mejorar ni tratemos de acallar nuestra frustración por no estar allí todavía. Dios nos diseñó para querer lo mejor de él, para anhelar ser mejores: «Sigo avanzando hacia la meta para ganar el premio que Dios ofrece mediante su llamamiento celestial en Cristo Jesús» (Filipenses 3.14).

Porque necesitamos confianza

Creer que lo merecemos todo nos presiona a no intentar, a esforzarnos lo menos posible, de modo que no nos arriesguemos a caer. Entre todos los problemas de esta condición uno de los más graves es este: *Mata nuestra confianza.* Creer merecerlo todo nos mina el encanto y nos roba nuestra sensación de seguridad saludable en nosotros mismos. Deseamos creer que tenemos lo necesario para enfrentar el reto siguiente, pero la creencia de que lo merecemos todo nos roba ese sentimiento.

Por ejemplo, supongamos que usted quiere convertirse en un orador eficaz. Prueba suerte en el desayuno del Club Rotario y pide a su familia que vaya a apoyarlo en su primera oportunidad. Usted habla sobre el éxito, y aunque no pasa mucho tiempo preparando, cree que resultó bastante bien. La familia le dice: «Estuviste *maravilloso*, asombroso, transformador». Alguien en el desayuno declara: «Tony Dungy acaba de cancelarme un evento que estoy programando en el centro de convenciones la semana próxima ante veinte mil personas. Te necesito allí. Estarías genial».

Cualquier persona con buen sentido común expresaría: «Gracias por el elogio, pero con solo un discurso público aún no estoy listo para tan grande audiencia». Usted diría esto porque es cierto. Sabe que le falta el condimento y la competencia para hablar a ese nivel. Si de todos modos trata de hacer el trabajo, se arriesga a sufrir un fracaso espectacular, lo que sería difícilmente un gran inicio para una carrera de orador. De modo que a pesar de la bienintencionada afirmación usted sabe que aún no tiene la habilidad. Carece de la confianza necesaria. ¿Por qué? *Porque la confianza se gana, no se hereda.*

Esa verdad la apoya una gran cantidad de investigación que aparece ahora acerca de los hijos y la creencia de merecerlo todo. Los científicos están descubriendo que cuando a los hijos se les alaba demasiado llegan a tener *menos* confianza y se vuelven reacios a arriesgarse. El elogio es algo bueno, y todos necesitamos saber que otros afirman nuestros esfuerzos y triunfos. Pero la alabanza excesiva es algo muy distinto. Cuando alabamos demasiado a un niño *se le afirman éxitos fuera de toda proporción de la realidad...* por lo que es inevitable que pague las consecuencias. Consideremos algunos ejemplos cotidianos:

- «Sí, te poncharon. ¡Pero el lanzador hizo trampa!», a un niño que lucha por descubrir qué extremo del bate agarrar.

- «¡Sacaste A en el examen! ¡Eres el chico más inteligente de la escuela!», a un niño que sabe exactamente dónde se encuentra en el espectro de la inteligencia en la clase, y no está en lo alto.

- «¡Mereces tener el papel principal en la obra!», a un niño que solo ha estado en una o dos obras antes y que admira la capacidad de actuar de sus compañeros que obtienen los papeles principales.

Los investigadores han descubierto que cuando se alaba en exceso a un niño, este sabe en algún nivel que el elogio no se basa en la realidad. Por tanto desarrolla un temor a correr riesgos y a fracasar. La mayoría de los chicos aún no ha desarrollado la capacidad de pensar: *Sé de qué soy capaz y qué hacer cuando enfrente una situación más allá de mi capacidad.* Al contrario, les invade la ansiedad y la vergüenza y, por tanto, simplemente no intentan ningún riesgo en absoluto.

Usted no es un niño. Pero podría ser como esos niños, al menos en algún nivel. Alguien podría haberle dicho en cierto instante: «Puedes hacer cualquier cosa que quieras... solo esfuérzate». Esta es una declaración edificante, pero por desgracia no es verdadera. El chico puede perder gran cantidad de energía y tiempo en un objetivo imposible de cumplir.

Vemos evidencia de esto cada noche de la semana en la actual saga de programas de competencias de talentos, como *American Idol* y *The Voice*. En las primeras rondas siempre hay jóvenes a quienes sin duda alabaron en exceso y nunca les dijeron con delicadeza que tenían talento limitado para cantar. Los jueces serán los primeros en darles una dosis de realidad. Y a menudo, como lo observan los espectadores en todo el mundo, dicha realidad comprueba ser devastadora para esos muchachos. Mucho mejor es que los padres animen tanto los sueños como el esfuerzo, y al mismo tiempo ayuden a los hijos a tratar con la realidad. Este es un equilibrio difícil que define una gran crianza.

Todos necesitamos mucha confianza para ganar en la vida. Pero la única senda a una confianza personal grandiosa y genuina es una historia de éxito. Cuando usted logra recordar veinte ocasiones en que habló muy bien, o una serie de ascensos laborales en el mismo empleo, o notables calificaciones en un año, siente confianza. Y debería sentirla.

Ese es el camino duro.

Las personas confiadas no tienen que hablar para sí mismas en términos de «Puedo hacer esto». *Saben que pueden, porque ya lo han hecho.*

Porque una vida de remordimiento es simplemente horrible

Una amiga mía se volvió a casar después de muchos años de buscar a la persona indicada. Por desgracia desperdició mucho tiempo al principio tratando una estrategia de conquista que casi nunca funciona.

Durante años esta fue su estrategia: Se relacionaba súper rápido con un chico, salía exclusivamente con él en una manera intensa, empezaba a hablar de matrimonio en solo un par de meses... y luego sentía dolor cuando el chico encontraba una excusa para irse. Después de cada episodio ella quedaba devastada, tomaba algún tiempo para reorganizar sus cosas y encontrar otro chico con quien volver a relacionarse en exceso. Siguió así casi seis años.

Al final cambió la estrategia. Trabajó duro para ser saludable, forjó un gran sistema de apoyo con amigas, salía con varios chicos a la vez (pero menos intensamente), no se mostró necesitada y se tomó su tiempo. A los dos años se casó con un gran hombre.

Le pedí que me hablara de la senda que tomó por último. Me dijo que si bien se sentía feliz con la manera en que al final habían resultado las cosas, lamentaba de veras los años de relaciones intensas y excesivas. Había perdido mucho tiempo. No espiritualizó su equivocación, tal como muchas personas hacen cuando declaran: «Dios lo usó para bien». Sin duda, Dios usa muchas cosas para bien, incluso cosas insensatas e innecesarias. Pero eso no significa que los hombres y las mujeres que hacen tales cosas —tontas e innecesarias— no sientan una tonelada de remordimiento. Muchas grandes cosas redentoras sucedieron por la caída de Adán y Eva como se describe en Génesis 3, pero ese no era el plan A de Dios.

El remordimiento es un sentimiento malo, intenso y doloroso. Hace que nos sintamos tristes e impotentes por las cosas dolorosas que quisiéramos no haber hecho, o por las útiles que quisiéramos *haber* hecho. Sentimos impotencia porque no podemos regresar el tiempo una y otra vez, debido a lo cual simplemente debemos aprender a vivir con eso. Puesto que todos cometemos equivocaciones, todos sentimos algún grado de remordimiento.

¿Cómo encaja en esto creer que lo merecemos todo? En que tiene una manera constante de sembrar hoy cosas de las que nos arrepentiremos profundamente mañana, el año entrante o dentro de veinte años. ¿Y queremos realmente eso?

Los remordimientos pueden resultar casi por cualquier cosa: no tomar en serio un trabajo, no ahorrar dinero, ser «jugador» por mucho tiempo, postergar una relación con Dios, comer todo lo que queramos meternos en la boca. Pregúntele a alguien que padezca diabetes 2 si se arrepiente de elegir una dieta en los años previos a su diagnóstico.

Tengo mis propios remordimientos. Quisiera haber aprendido a estudiar duro en el colegio, en lugar de aprender el camino realmente duro después de graduarme. La diligencia en un principio pudo haberme ahorrado muchos problemas en la vida académica.

Aprendí de tales remordimientos, por lo que he crecido. Me hacen reflexionar más en las decisiones que tomo hoy, porque quiero tan pocos remordimientos como me sea posible para el resto de mi vida. He aquí la conclusión: *Minimizamos el remordimiento futuro haciendo hoy las cosas difíciles.*

Porque fuimos diseñados para alcanzar nuestro potencial

Una de las más fabulosas experiencias que los humanos pueden llegar a tener es saber que están alcanzando su potencial en algún aspecto de la vida. Los atletas olímpicos que entrenan y se presionan a niveles increíbles durante muchos años tienen experiencias cumbre cuando ganan, experiencias que la mayoría de nosotros no podemos imaginar. Parte de la alegría viene de saber que están haciendo aquello para lo que fueron diseñados, y al nivel más alto posible.

Al igual que esos atletas selectos, nunca tendremos más euforia que cuando nos demos cuenta de que hemos maximizado nuestro potencial en alguna esfera importante.

Hace algunos años comencé a guiar a los miembros de una familia que poseía un negocio. Estaban particularmente preocupados por un joven de la familia que parecía «Míster Potencial», pero que no había producido resultados tangibles. El joven era inteligente y tenía grandes habilidades sociales. Lo estaban preparando para que se encargara de la empresa, pero entre las preocupaciones de la familia estaba que «Míster Potencial» padecía la enfermedad de creer que lo merecía todo. No presentaba un caso grave, tal vez tenía tres en una escala de diez, pero la condición le afectaba lo suficiente como para volverlo indisciplinado, impedirle desarrollar sus habilidades y mantenerlo desenfocado. Su condición le había expresado: «Eres un buen tipo con un potencial ilimitado, con eso debería bastar».

Pero no era suficiente. La empresa no podía depender de que él cumpliera su potencial. Sencillamente el joven no daba el rendimiento requerido.

Cuando hablé con él en una reunión familiar se puso a la defensiva y de inmediato quiso desconectarse. «Ustedes no lo entienden —declaró—. ¡Las cosas están bien! Simplemente quieren controlarlo todo».

Sin embargo, tuve una imagen distinta cuando hablé con él a solas. Se sentía miserable y frustrado consigo mismo, aunque no quería que sus parientes lo supieran. En una ocasión se echó a llorar y me confesó: «No consigo cumplir con el trabajo. Soy una farsa». Me sentí solidario con el joven. Era evidente que en privado sufría muchísima zozobra.

Comencé a llevar al joven por los principios del camino duro que constituyen los encabezados de los capítulos de este libro. Paso a paso empezó a sentirse mejor, a relacionarse mejor y a rendir mejor. Con el tiempo comenzó a asumir niveles más y más altos de responsabilidad dentro de la empresa. El resultado final fue que terminó usando más de su potencial para lograr objetivos y llevar fruto. Se sentía emocionado, desafiado y confiado.

Dios también lo ha diseñado a usted con todo tipo de potencial para ser y hacer cosas que nunca imaginó que pudiera lograr. En realidad él lo *creó* a usted para esos asuntos: «Somos hechura de Dios, creados en Cristo Jesús para buenas obras, las cuales Dios dispuso de antemano a fin de que las pongamos en práctica» (Efesios 2.10). ¡Qué declaración de potencial! Usted tiene tremendas buenas obras por delante: en su matrimonio, en la crianza de sus hijos, en su vida afectiva, en su carrera y en su misión. Todo forma parte del «plan».

Si usted entra a la senda del camino duro tendrá su lugar en el reino de Dios como alguien que funciona a toda máquina. Y cuando eso ocurra verá cómo la vida toma un giro dramático hacia lo mejor.

Porque queremos grandes relaciones

Creer merecerlo todo envenena las relaciones. ¿Quién desea estar al lado de un individuo ensimismado que se cree superior a los demás? ¿Quién ansía escuchar a alguien que habla de sí mismo noventa por ciento de las veces, que culpa al destino y a otras personas de los problemas que se le presentan, que tiene poco interés en asumir la responsabilidad por las dificultades personales, y que muestra poco interés en el desafortunado ser que con regularidad pasa mucho tiempo con dicho sujeto? Puedo atestiguar que una hora de almuerzo pasada con alguien que cree merecerlo todo puede sentirse como todo un mal año.

Las personas sanas y equilibradas sencillamente no aguantan mucho tiempo tal conducta. Quienes creen merecerlo todo tienden a atraer amigos que siempre les prestan atención y que inocentemente esperan que las cosas mejoren por cuenta propia, o a quienes siempre están tratando de ofrecer consejo y solucionar problemas (llámelas relaciones «auxiliadoras»), o a aquellos que a su vez creen merecerlo todo y cuyas vidas tampoco funcionan (llámelos «esto es divertido, sigamos exigiendo privilegios»). Aquellos que tienen una relación «auxiliadora» con una persona que cree merecerlo todo tienen buena intención, pero la relación rápidamente se vuelve frustrante porque nunca cambia nada. La situación no es saludable para la persona que exige derechos sin merecerlos.

Pero hay una tercera categoría relacional para una persona que cree merecerlo todo (y también para el resto de nosotros): relaciones de crecimiento. Esto significa compañeros, amigos, luchadores mutuos e iguales que están dispuestos a recorrer juntos el camino de la vida. En algún nivel *todo el mundo quiere y necesita relaciones de crecimiento.* Las relaciones que promueven el crecimiento requieren que la gracia y la verdad estén presentes en cada persona, dos cualidades ejemplificadas por el mismo Jesús (Juan 1.14). Para ambos individuos esto significa aceptar las debilidades y las heridas del otro mientras continúan el reto de crecer mutuamente, cambiar y mejorar. El individuo que cree merecerlo todo, por lo general sabe que la relación «auxiliadora» lo convierte en un niño dependiente, una posición dolorosa en la cual estar y que erosiona la poca autoestima que aún podría existir. La relación tipo «esto es divertido, sigamos exigiendo privilegios» se convierte en una fiesta permanente que hace sentir bien por un tiempo, pero que no lleva fruto verdadero y sustancial. Es más, con el tiempo la vida de ambos individuos atrapados en una relación así se deteriora y degrada.

Me hallaba trabajando con un hombre de unos treinta años a quien habían descrito como un clásico vago. Aún vivía en casa de sus padres, mostraba poca ambición, y papá y mamá le pagaban todas las cuentas (aunque con regularidad lo fastidiaban tratando de que él hiciera lo correcto, hábito que mantenía miserables a todos). Al fin pidieron ayuda. Al joven no le emocionó tratar de cambiar su vida, pero sabía en cierto sentido que no se respetaba a sí mismo y que sus perpetuas relaciones festivas no lo estaban llevando a ninguna parte. (A propósito, no se trata de la misma familia que describo en el capítulo 1. El caso de creer merecerlo todo en esta familia no era tan grave como en el primer ejemplo. Pero francamente, la situación es tan común que puedo citar varios casos en mi propia experiencia que a primera vista podrían parecer casi idénticos).

Cuando abordamos los problemas de comportamiento del sujeto, cooperó; comenzó a desarrollar hábitos y a hacer cambios graduales de estilo de vida. Con el tiempo descubrió que era un individuo con muchos talentos, excelente en finanzas. Obtuvo entrenamiento, encontró un buen trabajo y por último consiguió su propio apartamento. Algún tiempo después me contó que había tenido un encuentro con sus antiguos amigos: «Fue realmente raro. Ellos en realidad eran aburridos. Las mismas viejas fiestas e historias. Sus vidas eran un camino sin salida. Hasta sentí pena por ellos. Creo que necesito unos nuevos amigos». El joven no estaba irrespetando a sus amigos. Se preocupaba de veras por ellos. Pero estos no estaban proveyéndole el apoyo y el reto que él necesitaba para seguir creciendo y progresando en la vida. Estaba pasando de las vacías calorías de una dieta constante de diversión y buenos momentos, a los nutritivos nutrientes de intereses en crecimiento, responsabilidad y logro.

El camino duro nos atraerá personas sanas y equilibradas que son divertidas, que nos respetan, que nos aceptan y que incluso también nos empujarán cuando sea necesario. Esas personas se convertirán en oro para nosotros. Es más, las grandes relaciones podrían ser la mejor y más exaltada motivación para que todos renunciemos a creer que lo merecemos todo.

Porque los beneficios son muy superiores a los aspectos negativos

Al final del día, una vida vibrante y satisfactoria simplemente no se mezcla con la creencia de merecerlo todo. Una vida de abuso de privilegios se *supone* que no funcione, así como nadie debería sentirse bien mientras padece una infección bacteriana. Cuando un desagradable microbio nos ataca, se *supone* que nos sintamos afiebrados, fatigados y adoloridos. Es el dolor el que nos lleva a preocuparnos por la infección.

Pensemos en la creencia de que merecemos todo como la enfermedad y en el camino duro como la cura. El camino duro funciona: las cosas mejoran y la infección desaparece.

Pero eso no ocurre de la noche a la mañana. Creer que lo merecemos todo es una enfermedad difícil de erradicar. Su cura podría requerir la ingesta de muchos tipos de «antibióticos». Considere cada capítulo de este libro como un antibiótico singularmente poderoso diseñado para enfocar un aspecto específico de la enfermedad. A medida que añadimos cada medicamento, descubrimos que la vida se nos desarrolla en todas sus dimensiones en una gran manera: «Al [Dios] que puede hacer muchísimo más que todo lo que podamos imaginarnos o pedir, por el poder que obra eficazmente en nosotros, ¡a él sea la gloria en la iglesia y en Cristo Jesús por todas las generaciones, por los siglos de los siglos! Amén» (Efesios 3.20-21).

CAPÍTULO 6

DISCIPLINA Y ORGANIZACIÓN:

MÁS FACTIBLES DE LO QUE USTED CREE

Un amigo mío llamado Dale perdió cerca de cincuenta libras y mantuvo su peso por un año. Lo felicité por su logro.

—Trabajo todo el tiempo con personas que no pueden lograr este tipo de cosas —le manifesté—. ¿Cuál es tu ingrediente secreto?

—Disciplina —contestó.

—¿Solo eso? —pregunté después de esperar que me dijera más.

—Sí. Elegí la disciplina.

Oigo mucho esto por parte de individuos con alto rendimiento, lo cual siempre ha sido una señal de interés para mí.

—Eso es fabuloso —declaré—. ¿Cómo elegiste la disciplina?

—Bueno —respondió Dale—. Estaba harto de mi peso. Harto de sentirme fatal, de que no me quedara la ropa, de estar preocupado por mi salud. Y Marie [su esposa] se la pasaba diciéndome que bajara de peso.

—Esa parece una gran motivación —concordé—. Así que cuando te decidiste por la disciplina, ¿simplemente despertaste al día siguiente y elegiste la comida apropiada y decidiste comenzar a ejercitarte?

—Por supuesto que no —expresó—. Yo no tenía idea de cuál sería un buen régimen. Fui a ver un nutricionista con relación a la comida y me inscribí en un gimnasio con un entrenador. Me dieron información y me ayudaron con una planificación.

—¿Hablaste con alguna persona de apoyo acerca de eso —pregunté, asintiendo con la cabeza—, o simplemente hiciste todo por tu cuenta?

—Desde luego, hablé con personas —concordó Dale—. Les pedí a los hombres de mi grupo que me llamaran y revisaran mi progreso, y Marie me ayudó a mantenerme en la senda.

—Muy bien —asentí—. ¿Recaíste alguna vez? ¿Te desanimaste, te cansaste, llevaste a casa el estrés del trabajo y saliste a comerte un montón de pizzas?

—Por supuesto, al principio. Fue muy duro los primeros meses; debía abandonar muchos hábitos antiguos. Un amigo mío y mi esposa me hablaban reiteradamente, ayudándome a encontrar los factores desencadenantes, haciéndome saber que yo no era un perdedor, y ayudándome a volver al camino. Con el tiempo los nuevos comportamientos se convirtieron en hábitos, por lo que ya no necesité tan a menudo el apoyo.

—Parece como que hubieras hecho todo bien —manifesté—. Felicitaciones otra vez. Sin embargo, Dale, tú no «elegiste la disciplina».

—*Sí, la* elegí —corrigió él—. Me levantaba temprano, iba al gimnasio y me despedí de los bocaditos. Eso es disciplina.

—No, *tú te sometiste a un proceso de disciplina* y entonces *llegaste a ser* una persona disciplinada. No fue tan sencillo como elegir «lo hago y ya está». Fue una serie de experiencias a las que te sometiste y que te ofrecieron estos nuevos hábitos.

Dale no parecía que hubiera entendido mi idea, por lo que usé una metáfora.

—Cuando tu hijo Stevie tenía seis años, ¿cuánto tiempo tardaba en hacer sus tareas? Se sentaba en la mesa de la cocina a hacer sumas y restas. ¿Podía hacerlo durante una hora sin parar?

—¿Estás bromeando? —replicó Dale—. A esa edad Stevie no podía intentarlo ni diez minutos y, si aguantaba *más*, se habría puesto nervioso o habría tenido un colapso.

—Correcto —asentí—. Mis hijos hicieron lo mismo. Ahora que Stevie está en posgrado, ¿cuánto tiempo puede estudiar?

—Lo hizo toda la noche la semana pasada. Horas y horas.

—Impresionante —dije—. ¿Por qué no le dijiste a los seis años que «eligiera la disciplina»? «Solo elige algunas horas en la mesa de la cocina, pequeño Stevie». ¿No se habrían ahorrado, tú y Marie, mucho tiempo?

—Bueno —suspiró Dale—, él no podía haberlo hecho.

—¿No era esa una decisión?

—No. No era una decisión que él pudiera hacer. No hay manera de que pudiera haber elegido eso. Solo tenía seis años de edad.

—Muy bien —declaré—, ¿qué hizo que Stevie pasara de diez minutos a los seis años de edad a horas y horas a los veinticuatro?

—Marie y yo hicimos muchas cosas —respondió Dale—. Usamos relojes de arena, lo supervisamos, lo animamos, descubrimos cuál era su límite, los maestros nos ayudaron, aumentamos la presión un poco cada mes, le ofrecimos consecuencias y premios.

Entonces las luces se le encendieron.

—Y... eso es lo que yo también hice para perder peso —añadió.

—Sí —concordé—. Recibiste disciplina en un proceso, la que se convirtió en parte de ti. «No elegiste la disciplina». Elegiste una senda que te disciplinó.

—Entiendo —contestó Dale, asintiendo con la cabeza—. Stevie y yo obtuvimos ayuda y la disciplina vino.

Dale entendió. Estaba haciendo muchas cosas bien consigo mismo, exactamente como había hecho un montón de cosas con Stevie. Pero el proceso no recibió el mérito.

Necesitamos disciplina en cuanto a todo lo importante

Si queremos triunfar en la vida, la carrera, las relaciones o la salud, necesitamos disciplina. En realidad no hay opción. El hábito de la disciplina nos ayudará a crear grandes hábitos, día tras día y año tras año. La disciplina saca una gran compañía de un pequeño garaje, un matrimonio íntimo de largo plazo de una mirada en una fiesta, una película que fascina a millones de una idea compartida en una cena, una iglesia que envía el amor de Dios a otros continentes desde un estudio bíblico en el barrio. La disciplina convierte una exposición de primer grado sobre una novedosa e intrigante materia en un título de posgrado.

La disciplina es orientada por objetivos. Ella emplea nuestra energía para que no nos distraigamos, de tal manera que nos volvamos productivos. Cuando combinamos la disciplina con innovación y con los valores correctos, podemos lograr lo que equivale a milagros en nuestra vida y para el mundo.

Las personas disciplinadas no tienen que ser rígidas, del tipo obsesivo-retentivo, o fanáticas autoritarias del control. (Y cuando lo son, por lo general significa que algo más está mal). Algunas de las personas más agradables que conozco muestran una fuerte disciplina. En realidad pueden ser individuos buenos, calmados y divertidos. Simplemente hacen las cosas adecuadas por lo general, una y otra vez, sientan ganas de hacerlo o no. Así es como resultan ganadores.

Las personas disciplinadas son pacientes. Saben que sus comportamientos son parte de un proceso en el camino hacia una meta importante. Si nuestro objetivo es tan solo hacer cualquier cosa que queramos, y hacerla ahora, no necesitaremos disciplina. Pero perder mucho peso, tener fabulosas relaciones, encontrar nuestro campo profesional y tener éxito, todo eso, requiere tiempo e implica retrasar la gratificación una y otra vez a lo largo de ese tiempo.

Muchas personas se frustran tanto consigo mismas que no desarrollan disciplina para ahorrar dinero, perder peso, tener un tiempo regular devocional, aprender un idioma, prepararse para una nueva carrera, o aprender nuevas habilidades relacionales. Renuncian demasiado rápido y luego tienen aun más dificultades para creer que son capaces de lograr grandes cosas.

Creer que lo merecemos todo: La antidisciplina

Muchos de nuestros fracasos con la disciplina tienen su origen en la actual cultura que nos rodea de creer que lo merecemos todo. Consideremos dos mantras comunes de esta condición relacionadas con la disciplina y dos del camino duro que las contrarrestan. (A lo largo del libro encontraremos referencias frecuentes a los mantras de creer que lo merecemos todo y los del camino duro. Pongamos atención especial a esas comparaciones, que proporcionan una declaración rápida y concisa acerca del modo en que las actitudes dañinas en cuanto a creer que lo merecemos todo difieren de las actitudes más saludables del camino duro).

El primer mantra del que cree merecerlo todo declara: *Yo no debería ser una persona disciplinada. Estoy por encima de todo eso; no lo necesito.* Los individuos que viven por este mantra no ven valor en el trabajo duro, en los cambios crecientes de conducta ni en la paciencia. Creen que pueden ser felices sin ser disciplinados. Quizás sean buenos lidiando con otros y por tanto creen que sus habilidades relacionales les basta para salir adelante en la vida. O quizás creen que su inteligencia sea la solución perfecta. O se sienten tan desmotivados por cumplir *cualquier cosa* que el esfuerzo y la abnegación de la disciplina no parecen valer la pena.

El mantra del camino duro sigue exactamente la senda opuesta. Declara: *La disciplina me ayudará a lograr lo que vale. Es el motor que impulsa mis sueños, mi visión y mis objetivos.* Este mantra nos recuerda que es necesaria cierta estructura (programación, rendición de cuentas, objetivos medibles, reglas) si se ha de conseguir lo que se espera. El éxito llega a aquellos que trabajan en algún tipo de programación y cuyo trabajo no simplemente está determinado, sino también disciplinado.

El segundo mantra de creer merecerlo todo es aun menos saludable que el primero: *Si tengo que ser disciplinado, entonces debería poder serlo ahora mismo.* Dale comenzó de esa manera. Puso demasiada fe en su capacidad de elegir lo correcto. Ahora que hablamos de Stevie, él creía que lo único que debía hacer era decidir ser disciplinado.

El mantra del camino duro parece distinto: *La disciplina requiere una estructura de apoyo interno a lo largo del tiempo.* Dale fue muy listo en cuanto a no tratar de ir por su cuenta; confió en su esposa y en su grupo de hombres para animarlo y mantenerlo sincero respecto a la meta. Aquellos que se preocupan lo suficiente porque sus objetivos estén dirigidos hacia el éxito por medio de su disciplina construirán igualmente una estructura propia de apoyo.

A pesar de que estas dos actitudes de creer merecerlo todo se han vuelto populares en nuestra cultura, seguirlas lleva al fracaso, al remordimiento y a la angustia. En este capítulo presentaré la naturaleza fundamental de la disciplina (no es lo que usted cree) y explicaré cómo puede llegar a formar parte de nuestra vida para siempre.

Los sistemas operativos que impulsan la aplicación de la disciplina

Como vimos en la historia de Dale, la habilidad de la disciplina se basa en un proceso de información y apoyo que funciona con el tiempo. Este proceso crea y desarrolla un carácter crítico que los psicólogos llaman *estructura interna.* Esta estructura interna es la capacidad de enfocar nuestra energía a lo largo del tiempo. Es el marco estable de la mente. La estructura interna es la combinación de nuestras capacidades a fin de enfocarnos, perseverar y retrasar la gratificación en pro de un objetivo. Tal como nuestro esqueleto es la estructura de nuestro cuerpo que protege y fortalece nuestros órganos, así también la estructura interna protege y fortalece nuestros objetivos y hace posible nuestra misma sobrevivencia.

Cuando nos distraemos o nos encontramos bajo estrés, aburridos o desanimados, la estructura interna nos mantiene encarrilados y enfocados. Quienes disfrutan una sólida estructura interna pueden disciplinarse a un nivel eficaz. Establecen metas y las cumplen, tienen grandes hábitos a largo plazo y obtienen satisfacción en la vida. Aquellos sin una buena estructura interna tienen dificultad en mantenerse estables para lo que desean con el tiempo.

La disciplina es la aplicación [en este caso, la aplicación —o app— es el dispositivo utilizado en los modernos teléfonos inteligentes] y la estructura interna es el sistema operativo que impulsa esa aplicación. La disciplina descansa en la estructura interna y está impulsada por ella. La estructura interna también apoya otras aplicaciones importantes tales como la paciencia, la demora de la gratificación, la tolerancia con la frustración y el comportamiento orientado hacia los objetivos. Si la estructura no existe, la aplicación no funciona. Todas las declaraciones como: «Tengo que ser fuerte»; todas las resoluciones de Año Nuevo; y todos los mantras tipo «Estoy eligiendo la disciplina» dejan de funcionar y fracasan si carecemos de una fuerte estructura interna.

Me gusta mucho todo lo que trate sobre administración del tiempo. Leo libros y asisto a los seminarios al respecto. Siempre hay algo útil para mí y mis clientes, como la regla de los dos minutos de David Allen: «Si una tarea toma menos de dos minutos, debería hacerse en el momento en que se define».[6] Ese principio sencillo cambió mi vida en cuanto a lograr que mi día sea organizado.

Sin embargo, todos los sistemas de administración del tiempo en el mundo no nos harán individuos disciplinados y eficaces si carecemos de estructura interna. Esa es una razón para que las personas se desanimen con tales sistemas. Se desaniman sea consigo mismas porque concluyen que en realidad no son serias en cuanto al éxito, o con el sistema de administración porque sienten que de alguna manera les ha fallado. Lo más probable es que nada de eso sea cierto. Esos individuos simplemente carecen de una «estructura» suficientemente fuerte como para seguir con constancia a través de los principios y consejos.

Esto también explica por qué muchos programas de pérdida de peso y de autoayuda no funcionan para gran cantidad de personas.

Los programas fracasan porque a menudo se basan en la idea de que la «disciplina es una decisión». La gente que tiene una gran estructura interna puede triunfar en tales programas, a pesar de sus defectos. Pero muchos carecen por completo de dicha estructura, por lo que para ellos el enfoque animador fracasa con el tiempo.

Cómo crece la estructura interna

Por tanto, ¿cómo desarrollar una estructura interna?

Lo hacemos por medio de un proceso que los psicólogos llaman «internalización». Internalizamos algo cuando «tomamos» una experiencia y esta se convierte en parte de lo que somos. La internalización es más que aprender una lista o memorizar un procedimiento; implica tanto pensar como experimentar con el tiempo.

Por ejemplo, cuando pasamos mucho tiempo con un maestro de música aprendemos notas y acordes. Una y otra vez repasamos escalas y canciones. Y con el tiempo internalizamos las lecciones. Estas se convierten en una segunda naturaleza; podemos hacer uso de ellas sin pensarlo.

La internalización impulsa toda preparación empresarial. Cuando trabajo en formación administrativa a menudo preparo un contenido sobre cómo motivar equipos, usando varios principios e ilustraciones. Luego hago un segmento para forjar habilidades en el que los asistentes prueban entre sí las nuevas destrezas. A medida que internalizan estas experiencias, las nuevas habilidades se convierten para siempre en parte de sus destrezas de liderazgo.

Dale internalizó su experiencia pasando tiempo con su nutricionista, con su instructor y con su programación de entrenamiento. Esas nuevas conductas se volvieron hábitos que ahora actúan para él. De igual manera, Dale y Marie proporcionaron estructura externa (algunos párrafos más adelante explicaré más acerca de este importante término) para Stevie. La estructura externa que tenían constaba de la atención que estos padres daban a su hijo, de la programación que establecieron, y del programa de premios y consecuencias que crearon para ayudarle. El niño tenía poca habilidad para estudiar cuando tenía seis años, fuera neurológica, cognitiva o emocionalmente. Pero con el tiempo la ayuda brindada le dio la disciplina que finalmente él asimiló. Stevie ya no necesita que sus padres le pongan temporizadores ni que le den postre extra. La habilidad para estudiar es ahora parte del propio cableado del muchacho.

Varios aspectos de internalización de éxito, que crean una sólida estructura interna, forman los ingredientes esenciales que permiten que esta internalización actúe:

1. *Un objetivo que vale la pena.* La estructura interna funciona mejor cuando estamos en busca de algo que nos interesa, ya sea salud, finanzas, crecimiento espiritual, citas o matrimonio. Si aquello es importante para nosotros (si vale la pena), estaremos más dispuestos a entrar en el proceso de internalización.

Hay una frase que uso para ayudar a definir la estructura: *contexto cruzado.* Significa que si obtenemos algún éxito en un área, los hábitos que nos permitieron conseguirlo se transferirán también a otras áreas. Por ejemplo, aprender a ejercitarnos puede llevar a tener devocionales grandiosos y llenos de significado. Los contextos se entrecruzan.

2. *Una estructura externa.* La cual es un marco de recordatorios y objetivos de corto plazo que convierte el tiempo en elemento de menor tamaño. Por ejemplo:

- Las parejas establecen un sistema de presupuesto que les ayude a comprar una casa nueva.

- Un atleta desarrolla un programa de entrenamiento con incrementos en tiempos de carrera.

- Un director general tiene un sendero estratégico para cotizar en bolsa en cinco años.

- Un hombre que desea bajar de peso tiene una aplicación que mide su consumo de alimentos, basado en sus objetivos.

La estructura externa también debe tener un *proceso calendarizado,* es decir, las cosas funcionan mejor cuando se ponen en un calendario, donde se puedan ver con regularidad. Por ejemplo: establecer tiempos semanales para reuniones de redes, para tener una cita nocturna con el cónyuge, para ejercitarse. No renuncie al aspecto calendarizado. Tome tiempo para lograr que funcione.

Tendemos a obtener lo que calendarizamos. Somos personas ocupadas. Si algo es una buena idea y «algún día» lo haremos realidad, lo más probable es que nunca lo hagamos. Cuando estoy trabajando en un área particular de crecimiento suelo calendarizarla en sesenta días, cuando literalmente registro la actividad en mi calendario físico. A veces esto sucede cuando profundizo en el proyecto de un libro; otras veces se relaciona con dormir lo suficiente; y en ocasiones implica algún tipo de actividad espiritual.

Así como un molde de yeso recubre un brazo partido y funciona para mantener derecho el brazo, como estaría un hueso sano, así también la estructura externa nos ofrece protección y fortaleza cuando carecemos de lo que se necesita para disciplinarnos en algún área. Luego, cuando el hueso se fortalece, retiramos el molde.

3. *Apoyo relacional.* El esquema externo no es suficiente. También necesitamos personas que nos apoyen y acepten ayudarnos a desarrollar la estructura interna. Las relaciones sirven como la anestesia que nos ayuda a pasar por la cirugía de desarrollar la estructura interna. ¡Puede ser doloroso aprender un nuevo hábito o convertirse en una persona disciplinada! La disciplina puede volverse repetitiva, aburrida y difícil, las distracciones nunca terminan.

No solo eso, sino que el juez que tenemos en nuestras mentes nos golpea y nos lleva a pensar en nosotros mismos como perdedores. *Nunca voy a hacerlo bien*, pensamos.

Necesitamos un equipo vital de personas a quienes reclutemos con el objetivo específico de que nos ayuden a crear estructura interna. Quienes califiquen para este papel deben exhibir tres características:

- *Nos aceptan como somos, sin juzgarnos.* No pueden tener ni una pizca de condenación ni ser sentenciosos. Tenemos que ser capaces de fallar y confesar, una y otra vez, y de experimentar amor y aceptación de su parte. De lo contrario terminaremos evitando ser vulnerables con ellos o saboteando el proceso nosotros mismos.

- *Nos animan y presionan cuando lo necesitamos.* Un buen miembro de equipo de vida nos ama como somos y nos ama lo suficiente como para ayudarnos a no permanecer como somos. Estos miembros de equipo no son malos, pero nos dan un codazo cuando nos distraemos, nos hacemos perezosos o nos desenfocamos.

- *Se involucran en el crecimiento.* Tenemos verdadera ventaja cuando nuestro equipo de vida está conformado por personas que se niegan simplemente a sentarse en las gradas a observar, sino que también siguen trabajando en ellas mismas. Se identifican con nuestros esfuerzos y nuestras luchas, y pueden hablar por experiencia.

El crecimiento personal llega al internalizar no solamente la estructura externa, sino también la calidez relacional de nuestro equipo de vida. Cuando esto sucede, los recuerdos emocionales de las personas buenas viven dentro de nosotros, animándonos por el resto de nuestra vida, manteniéndonos amados y cimentados:

«Arraigados y cimentados en amor» (Efesios 3.17). Un componente adicional es la manera en que un equipo de vida hace que el crecimiento y el triunfo tengan que ver con *nosotros,* no solo *conmigo.* Somos parte de una comunidad a la que servimos y nos sirve. Podríamos llegar a estar en el equipo de vida de una de las personas que nos apoyan.

4. *Información y conocimientos.* Siempre necesitaremos el tipo de información que pueda acelerar nuestro proceso de internalización. Dale tenía un nutricionista y un instructor. Podríamos querer información en línea sobre carreras profesionales, trabajos, ayuda financiera o relaciones. Convirtámonos en adictos a la información. Yo soy uno, y esto siempre me ha dado frutos en mi crecimiento.

Cuando combinamos estos cuatro ingredientes ocurren cosas buenas. ¡El sistema funciona si lo hacemos funcionar!

No olvidemos que si bien desarrollar una estructura interna es un trabajo duro, es también una labor *relacional.* Cuando trabajamos en la estructura debemos recordar que no estamos solos. No estamos aislados de las relaciones de apoyo, ni de Dios mismo. Es más, una manera de traducir la palabra «disciplina» en el Nuevo Testamento es «instrucciones», como lo dice Hebreos 12.5: «Querido jovencito, no tomes las instrucciones de Dios como algo sin importancia» (TLA). Cuando experimentamos e internalizamos las instrucciones divinas en el proceso de crecimiento, nuestra estructura interna crece y florece. En consecuencia ocurre disciplina y luego el logro del objetivo. Eso está en el núcleo de vivir en el camino duro.

Estructura de campo de entrenamiento

Vernos desanimados en cuanto a nuestras frustraciones y nuestros fracasos en varios niveles de vida puede ser algo abrumador. Podríamos creer que somos perdedores en todos los niveles, sin ningún ámbito sano de vida en que podamos sentirnos bien con nosotros mismos.

Cuando a veces tengo un cliente en esta situación ideo una estructura de campo de entrenamiento (SBC, por sus siglas en inglés) para la persona. La SBC es un proceso intensivo de preparación que cubre múltiples aspectos, diseñado para estremecer el sistema (tal como un campo militar de entrenamiento) a fin de que la persona experimente inmediatamente esperanza en un modo general acerca de todos los aspectos importantes de la existencia. Usted puede establecer fácilmente su propia versión de SBC para sí mismo usando la descripción que le doy a continuación.

Para diseñar un SBC hago que el cliente enumere todos los ámbitos de frustración: matrimonio, salud espiritual, salud emocional, crianza de hijos, finanzas, carrera y salud física, por ejemplo. Luego desarrollamos objetivos para todos ellos. Elaboramos el sistema usando los cuatro aspectos de la internalización: objetivos, estructura externa, apoyo e información.

La clave es que *el interesado tiene que podar todo lo que no es absolutamente necesario… durante noventa días.* Posponer vacaciones familiares. No empezar un nuevo negocio. No inscribirse para ser anciano en la iglesia. No mudarse a una casa nueva. No embarazarse. Todo eso puede hacerse después. La idea es poner toda la energía disponible en el campo de entrenamiento, lo cual tiene que consumirle la vida durante tres meses. No importa que sus amigos se cansen de que les hable del tema; tendrán que ayudarlo mientras dure el entrenamiento. Durante esos noventa días usted tiene que invertirse por completo en sí mismo, hasta que se obsesione. Esta tiene que ser una manera de cambiar sus senderos neurales y sus hábitos.

Su equipo de vida debe tener una copia de todos los ámbitos seleccionados y todos los objetivos. Ellos deben programar llamadas y mensajes de texto de tal modo que cada veinticuatro horas usted reciba un contacto breve y animador de una de las personas. Su equipo de vida le hace una pequeña celebración a los treinta y sesenta días, y una fiesta grande a los noventa.

Aquí es donde se lleva a cabo el contexto cruzado. Un ejecutivo que llevé por el proceso me contó que un año después se sentía más «automático» con sus buenos hábitos. En otras palabras, esos hábitos no requieren mucha preparación mental, superación del miedo y ni siquiera esfuerzo. Deben convertirse en parte de lo que es la persona por dentro; los nuevos hábitos se han vuelto tan normales como prender la televisión o caminar hasta la refrigeradora. La nueva estructura interna ha creado la disciplina que el individuo necesita.

Obstáculos adelante

Al trabajar en nuestra estructura interna *enfrentaremos* problemas. No dejemos que esto nos desanime; simplemente es lógico. Cualquier cosa que nos haya evitado tener estructura interna, en primer lugar, no ha desaparecido. Así que hagamos un balance de los principales obstáculos y pensemos en qué podemos hacer al respecto.

- *Aislamiento.* Si usted ha leído este libro hasta aquí, estoy seguro de que se ha dado cuenta de que se trata de un tema importante: No trate de hacerlo todo por su cuenta, sin ayuda. Algunas personas toman la ruta solitaria debido a graves problemas de confianza; otras han desarrollado hábitos que los drenan respecto a agradar a la gente; y otras más alimentan un sentido grandioso de su propia autosuficiencia. No se deje atrapar en la trampa del aislamiento. Sea lo suficientemente humilde para pedir ayuda; lo más probable es que los demás se sientan felices de ayudar. No sea como el próspero ejecutivo de poco más de sesenta años de edad con quien trabajé, que me dijo: «He conseguido mucho. Pero pude haber logrado muchísimo más si hubiera sido sensible y hubiera dejado que las personas me ayudaran».

- *Problemas de la vida.* No espere que la vida sea fácil. Para 99,99% de nosotros ni siquiera será absolutamente sencilla. Si usted espera ese momento, podría terminar resolviendo crisis eternas y nunca conseguir sus objetivos. Siga adelante y empiece el programa para desarrollar la estructura interna *ahora,* a menos que la casa se esté incendiando, que usted esté en bancarrota, o que tenga un hijo que esté sufriendo una grave condición médica. Siga adelante con su programa y descubrirá que la perspectiva se volverá más saludable y los problemas que lo han mantenido lejos de su propia vida finalmente le dejarán espacio para usted.

- *Extremismo:* Esta es la tendencia a ser muy entusiasta e intenso en cuanto a su propio crecimiento, hasta el punto de hallarse totalmente fuera de sí; después en algún momento (generalmente pronto) se desanima y se quema. En este proceso una mentalidad tipo «todo o nada» nunca funciona. Esta es una de las razones principales de que las personas se metan en docenas de dietas que no dan resultado, cambien a menudo de trabajo, tengan una serie de problemas relacionales, y soporten grandes luchas en las finanzas. Si usted tiene mentalidad extremista, la vocecita en su cabeza le exige que arregle todo y se ponga bien *en este momento.* Despídase de esa actitud. Lo cierto es que batallará y fracasará más de una vez en el viaje hacia el logro de sus metas. Al mismo tiempo, reconozca que tendrá que seguir conduciendo hasta el trabajo, viendo películas, y tomándoselo con calma durante el proceso. No sea un velocista; manténgase en la carrera de resistencia. ¡No más mejoramiento personal tipo yo-yo!

- *Juicio personal.* Cuando usted experimenta deslices en la disciplina y los exterioriza consumiendo papas fritas, durmiendo hasta tarde, viendo televisión, ingresando a Facebook o tomando alcohol, su juez interior lo atacará y tratará de convencerlo de lo malo que usted es. Un juez interior severo puede descarrilar por completo el proceso de estructuración. Si usted es sensible a este juez debe hacer que su equipo de vida le hable a los fracasos, *no a los éxitos* de suyos. Aquí es donde la gracia es determinante. En lugar de que le digan: «Realmente no lo echaste a perder; no fue un gran problema», pídales que sean sinceros, como cuando dicen: «Metiste la pata. Fue un gran problema. Pero te quiero mucho y no estoy enojado contigo. Te ayudaré». La misericordia para con nuestros fracasos neutraliza el juicio personal de tal modo que podamos luchar otro día.

- *Detonantes.* Los episodios perturbadores pueden despistarnos y hacernos retroceder una semana o dos en la estructura de aprendizaje. Averigüe aquellos a los que usted es susceptible y prepárese para estos. He aquí algunos ejemplos:

  Aburrimiento

  No ver resultados con suficiente rapidez

  Que alguien esté molesto con usted

  Una recaída temporal

  Amigos que desean que usted se salga de su estructura y
  vaya a jugar con ellos

  Alguien que le está pidiendo tiempo y energía, aunque
  usted no tiene nada que dar

Tenemos que esperar y ocuparnos de interruptores como esos. ¡Pero no permita que lo saquen del camino! Sea cariñoso y atento, pero también lea *Límites* de Henry Cloud y yo.[7] Le ayudará a decir no cuando tenga que hacerlo.

Aquellos que tratan de cambiar repentinamente

Un amigo mío con quien debatí el contenido de este capítulo me dijo: «Tengo un hijo que estaba consumiendo drogas. Su vida se estaba echando a perder. Hace cuatro años vio lo que las drogas le estaban causando y las dejó súbitamente. Ha estado libre de drogas desde entonces. No ha estado en consejería, reuniones de AA, estructuras de apoyo, grupos de crecimiento, rehabilitación, ni asiste a la iglesia. Y aunque me gustaría que creciera espiritualmente, tiene una vida bastante normal y equilibrada. ¿Cómo te parece?».

Algunas personas *pueden* simplemente «elegir la disciplina» porque ya tienen en su sitio la estructura interna necesaria, aunque durante un tiempo parezca ensombrecida por el conflicto. En este caso el joven tenía buena formación familiar, amor y límites constantes, por lo que había desarrollado una buena ética laboral. Por eso cuando se involucró en drogas su estructura simplemente acabó almacenada en un estacionamiento en la parte posterior de su mente. Cuando se dio cuenta de que no le gustaba el giro que su vida estaba tomando, simplemente reactivó su estructura.

Por desgracia, las personas como este joven son la gran minoría. La mayoría de nosotros no tenemos esa capacidad. Nos gustaría creer que somos como él, y podríamos tratar de convencernos de que lo somos. Pero para la inmensa mayoría de nosotros, en esa dirección se encuentra el fracaso. ¡Mejor es entrar en este proceso de crecimiento y salir de dudas!

Mantenga el curso

Si algo que yo haya dicho en este capítulo parece desalentador, permítame animarlo. Aunque es difícil crear disciplina en un principio, después se hace más fácil. Quizás no sea tan aburrido, desalentador o frustrante como podría parecer al principio. Usted, o la persona que cree merecerlo todo a la que está ayudando, con el tiempo empieza a sentir más esperanza y amor propio. He visto cómo el material de este capítulo simplemente contribuye a que muchas personas ayuden a otros que viven creyendo merecerlo todo, ayudándolos a que aprendan disciplina. Vivir en el camino duro es sencillamente lo que su nombre sugiere: duro. Pero ayuda a crear la estructura interna que necesitamos para mantener el curso y lograr nuestros objetivos.

Desarrollo de habilidades

1. Medite en Proverbios 21.5: «Los planes bien pensados: ¡pura ganancia! Los planes apresurados: ¡puro fracaso!». Pida a Dios que le ayude a llevar una vida provechosa, en todos los sentidos de la palabra, al seguir diligentemente con los planes que usted tenga.

2. Mantenga sus objetivos físicamente presentes. Individuos, matrimonios, empresas e iglesias deben ver sus objetivos delante de sus ojos varias veces por semana. Póngalos en su aplicación de Notas en su teléfono inteligente, en las paredes de la planta de su fábrica y en su refrigerador. Todos necesitamos recordatorios. Dios enseñó a su pueblo a mantener sus leyes delante de ellos (véase Deuteronomio 6.6-9), y a relacionarse con ellas a fin de que les ayuden a mantenerse animados y enfocados.

3. Empiece con pequeños pasos y gratificación rápida. Los pasos de bebé obran cuando usted esté empezando el proceso. Si mantener al día su blog es su meta, entonces escríbalo durante media hora antes de estar en Facebook por diez minutos (nunca haga la gratificación más larga o más cara que el comportamiento deseado). Tenga la conversación difícil que ha estado evitando, luego almuerce con alguien que lo ame y que sea divertido. Extiéndase poco a poco a medida que los hábitos llegan a internalizarse más.

4. En caso de que usted aún esté fallando y se sienta desanimado. Esto sucede a menudo, así que relájese... usted es normal. Generalmente significa que usted necesita alguna combinación de tres cosas: ampliar el apoyo relacional (duplicar los contactos); crear más estructura (metas diarias en lugar de semanales); u obtener consejería (resolver un problema interno que esté saboteando el proceso).

CAPÍTULO 7

CREE UNA IMAGEN DE SÍ MISMO QUE REALMENTE LE AYUDE

Una gran empresa me contrató para que trabajara con uno de sus ejecutivos.

—Hábleme de sus áreas fuertes y problemáticas —le dije a fin de hacer un diagnóstico para desarrollar un camino y así ayudarle a rendir mejor.

—Es mejor hablar de fortalezas y oportunidades para crecer —me corrigió rápidamente.

—¿Le gusta más la expresión *oportunidades para crecer* que áreas problemáticas? —quise saber.

—Sí. No existen los problemas, solo hay oportunidades.

—¿Así que no existen los problemas? —presioné.

—Creo que es mejor pensar en ellos como oportunidades —afirmó el ejecutivo sonriendo—. El término *problemas* parece negativo.

—Así es —asentí—. La palabra *problema* significa que algo negativo está ocurriendo. Sin embargo, ¿qué hay de malo en establecer una realidad negativa?

—Es simplemente desmoralizador —contestó—. Y no deseo sentirme de ese modo cuando dirijo mi división.

—Entiendo eso —manifesté—. Nadie quiere sentirse mal mientras está dirigiendo las tropas. Sin embargo, ¿qué tal si usted va al médico con fiebre y escalofríos, y él le dijera: «No quiero ser negativo y decirle que usted tiene una infección bacteriana. Simplemente seamos positivos en cuanto a esto»?

—Entiendo —respondió él después de reflexionar por un instante—. Está bien, ¿cuáles son mis problemas como líder?

—En primer lugar, usted tiene un montón de puntos fuertes —declaré—. Está claro en su visión y su sendero. Además le gusta su personal y eso es cierto. Pero usted es demasiado duro con ellos.

—En realidad no soy duro —replicó, volviendo al instante a su anterior modo de pensar—. Simplemente soy una persona muy franca.

—Lo está volviendo a hacer —le recordé—. Lo he visto increpar a personas en esta oficina y no se trata de franqueza. Usted pierde su calidez y es realmente demasiado duro con la gente.

Al hombre le costó aceptar mi observación; se sentía de veras orgulloso de su franqueza. Pero seguí haciendo una distinción entre franqueza y dureza, y por último las luces comenzaron a encenderse.

Le di algunas tareas para que realizara en el siguiente par de meses, prácticas que lo llevaran a usar tonos y palabras más amables cuando estuviera en contacto con su gente. Con el tiempo se volvió un jefe mucho más eficaz, mientras que sus subordinados respondieron bien a la calidez recién descubierta del hombre.

Revisemos lo que ocurrió. Mi cliente era y es una buena persona, además de muy buen líder. Le ha ido bien en su división. Pero la cultura de exigir derechos y privilegios lo había infectado y había moldeado la manera en que se veía a sí mismo. Por un tiempo se opuso a la posibilidad de que pudiera «tener un problema», y en vez de eso insistió en que solo tenía «oportunidades».

Lo cierto es que nunca he trabajado con una persona de gran éxito que siguiera oponiéndose a la realidad. Los megatriunfadores siempre desean saber qué podría estar mal con ellos y qué podría estar bien en cuanto a ellos... y no se inmutan.

Su imagen personal es importante. El modo en que experimentamos con nosotros mismos puede ser un factor determinante entre el éxito y el fracaso, entre creer merecerlo todo y vivir en el camino duro.

Su autoestima puede producir claridad. Puede hacerlo confiable. También puede acondicionarlo terriblemente cuando enfrente dificultades.

¿Está su autoimagen trabajando a favor de usted, de sus objetivos y de su vida, o en su contra? Su «tarjeta de informes acerca de usted mismo», la cual básicamente es autoimagen, influye en gran manera.

Los juegos de palabras

En este aspecto de la autoimagen, la cultura del merecimiento y los privilegios ha hecho mucho daño. Esa cultura nos dice que evitemos mirar cualquier cosa negativa acerca de nosotros mismos y que veamos solamente lo positivo, ya que una observación negativa podría desinflarnos y hacernos sentir mal respecto a nosotros mismos. Por tanto, jugamos con las palabras, lo cual puede llegar a ser manifiestamente artificial:

- La falta de puntualidad se convierte en «liberarse de convencionalismos».

- La incapacidad de seguir adelante se convierte en «espontaneidad».

- La tendencia de culpar a los demás por las propias faltas se convierte en «habilidad para discernir».

- La incapacidad de cumplir promesas se convierte en «ausencia de rigidez y pensamiento en blanco y negro».

Hacemos todo ese forcejeo semántico para no sentirnos mal. Aunque no soy partidario de que la gente se sienta mal, he aquí el asunto: *Si nuestra autoimagen no nos permite mencionar problemas, no tenemos posibilidad de mejorar.* Esto significa que estamos atascados en lo que somos. Puesto que liberarse de convencionalismos, espontaneidad, habilidad para discernir y ausencia de rigidez no son problemas que se deban resolver, no tenemos a dónde ir.

Y nuestro médico no nos da los antibióticos que necesitamos.

El antibiótico de la cordura

La Biblia tiene una visión más sana y útil de la autoimagen que la que provee la cultura del merecimiento y los privilegios. Es muy sencilla.

Antes que nada, debemos tener «cordura» en cuanto a nosotros mismos. Es decir, debemos ser realistas y no solo soplar humo para sentirnos bien:

> Por la gracia que se me ha dado, les digo a todos ustedes: Nadie tenga un concepto de sí más alto que el que debe tener, sino más bien piense de sí mismo con moderación, según la medida de fe que Dios le haya dado (Romanos 12.3).

Eso significa admitir los errores (y no tener miedo de llamarlos por lo que son) cuando vemos aspectos negativos como: «A veces soy perezoso». «Soy demasiado duro conmigo mismo». «Evito temas difíciles». «Temo decepcionar a los demás». *Ahora* hay algo qué arreglar, curar y transformar.

Esto no significa que todo lo negativo que mi autoimagen diga de mí sea cierto. Muchas personas han sufrido de autoimágenes duras que deben corregirse y clarificarse. Declaraciones personales tales como: «No soy digno de ser amado» o «No valgo la pena» no solo son mentiras sino que son obstáculos en mi capacidad para crecer, estar saludable y ser un triunfador. Estos son falsos negativos. Pero un verdadero negativo identifica un problema que debe tratarse.

Segundo, admita lo que es positivo en cuanto a usted. Si Dios creó una buena característica en usted, recuerde que él no comete equivocaciones: «¡Te alabo porque soy una creación admirable! ¡Tus obras son maravillosas, y esto lo sé muy bien!» (Salmos 139.14). No es orgullo ni arrogancia estar feliz y alabar a Dios porque creó cualidades buenas en usted. Sentirse bien con todo eso le ayuda a desarrollar al máximo esas fortalezas y a utilizar esos aspectos positivos para hacer del mundo un mejor lugar. Por ejemplo, usted puede tener:

- Capacidad para amar profundamente

- Un alto valor por la santidad y por los caminos de Dios

- Empatía hacia los demás

- Habilidad para trabajar duro y ser diligente

- Talento natural para aceptar las imperfecciones de otros y de usted mismo

Esta es la mezcla de una autoimagen saludable: ver y usar lo positivo en nosotros, y ver y mejorar lo negativo en nosotros.

Durante la cena con un matrimonio amigo, la esposa comenzó a hablar de cuán abrumadoras y agotadoras sentía sus actividades con los niños, con las participaciones en la iglesia, y con algunas amistades en crisis que le demandaban tiempo y energía. Me sentí muy preocupado por ella, ya que habíamos tenido exactamente la misma conversación un año antes, sin ninguna mejoría aparente.

—Me preocupa que estés agotándote y que no puedas con tus niños pequeños —declaré—. ¿Qué crees que está motivando todo este agotamiento y exceso de actividades?

—Creo simplemente que amo demasiado —contestó ella.

—Lo siento —repliqué—, pero estoy en total desacuerdo con eso.

La mujer me miró con recelo. Imagino que la mayoría de sus amistades probablemente le habrían dicho: «Así es, qué gran corazón tienes», o algo por el estilo.

¡Pero yo quería que ella mejorara!

—Es imposible «amar demasiado» —le expliqué—. De ninguna manera. Es decir, Dios mismo es amor (1 Juan 4.8). Mientras más amamos, mejores deberíamos ser. Y creo que no es que ames demasiado, sino que pones muy pocos límites. No dices no cuando es necesario, tiendes a dar derechos a los demás y haces cosas que otros deberían estar haciendo. Espero que trates de decir no más veces, lo cual significa decepcionar a otros y tratar con los temores que tienes acerca de defraudar a los demás. Apuesto que te sentirás mucho mejor en unas cuantas semanas y que no tendrás que preocuparte respecto a encontrar una manera de amar menos a la gente.

—¡Eso también me parece sensato! —exclamó el esposo asintiendo con la cabeza—. Me encanta lo atenta que eres, por tanto no hagas aquí el papel de villana. Reconoce que el temor de defraudar a otros es el problema.

Mi amiga aceptó el reto y hoy día está mucho más equilibrada. Aunque todavía vive atareada, ya no se encamina hacia el agotamiento.

¿Ve usted la diferencia? La autoimagen tipo «soy una persona amorosa» en ella ocultaba el verdadero problema: «Temo decir no».

El problema de doble autoimagen en gente que cree merecerlo todo

Dios diseñó nuestra autoimagen para que fuera una amiga y aliada que nos ayude a tomar grandes decisiones, a encontrar nuestras pasiones y a triunfar en todos los caminos de la vida. Y también fue diseñada para ayudarnos a *fallar bien*. Este es uno de los más grandes beneficios de nuestra autoimagen. Debemos aprender a fracasar en maneras sanas y redentoras, porque fracasaremos.

Los individuos con una autoimagen sana y exacta no tienen mucho problema con el fracaso. Cuando no consiguen un ascenso en el trabajo, o su cónyuge se enoja con ellos, o sus hijos no los respetan, saben qué hacer. Así es como el fracaso se ve cuando nuestra autoimagen sana nos posibilita fracasar bien:

- *Disgusto:* ¡Qué desastre! Esto me entristece.

- *Apoyo en Dios:* Necesito su ayuda y su sabiduría en esto.

- *Ayuda:* Creo que debo llamar a mi amigo Pat para vernos y hablar del asunto.

- *Aprendizaje:* ¿Cuál fue mi contribución a este problema? ¿Qué debo cambiar?

- *Adaptación:* Es hora de volver a enfrentar la realidad y tratar de hacer las cosas de manera diferente.

Así es como todo *debería* funcionar cuando fallamos. Ya que el fracaso, e incluso el fracaso repetido, es simplemente un hecho en la vida; por tanto, debemos atravesar una y otra vez estos cinco pasos y en cada ocasión siguiente fracasaremos bien y en un nivel superior.

Creer merecerlo todo paraliza nuestra habilidad de fracasar bien y obstaculiza nuestra capacidad de aprender del fracaso y crecer. Las investigaciones han mostrado que creer que merecemos todo crea una paradoja de autoimágenes dentro de nosotros, una externa y otra interna. Las dos autoimágenes están en conflicto.

La persona que cree merecerlo todo aparenta tanta confianza en sí misma que llega a ser arrogante o engreída. No necesita preparar su discurso, practicar su swing en el golf, o tomar un curso sobre cómo hacer un currículo. Su autoimagen externa declara: «Estoy por encima de todo eso porque soy especial».

Podríamos esperar esto dado lo que hemos visto y experimentado con el merecimiento y los privilegios. Lo que no podríamos esperar es que exista una autoimagen diferente y más profunda dentro de la persona que cree merecerlo todo, acompañada de inseguridad y temor *y, por sobre todo, de aversión al riesgo*. Este tipo de gente tiene miedo mortal a arriesgarse y fracasar. El riesgo que trata de evitar podría ser suplicar a la diosa a la que ha estado adorando desde lejos, o solicitar el trabajo de sus sueños, o pedir compañía a un amigo aunque este simplemente podría decirle no. En todos los casos, el fracaso percibido sería demasiado devastador. Por tanto, la persona teatraliza que es muy especial, pero nunca llega a ninguna parte porque permanece paralizada en su habilidad para correr riesgos normales que todo el mundo tiene que soportar para llegar a alguna parte. La autoimagen interna de este individuo le declara: «No puedo hacer esto, ni siquiera puedo intentarlo».[8]

Tengo un amigo cuyos padres lo animaban en aquello para lo que estaba dotado y podía hacer fácilmente, pero evitaban presionarlo en ámbitos en que tendría que esforzarse para tener éxito. Él era un músico talentoso pero no le gustaban las matemáticas. Así que lo dejaron que perdiera matemáticas y lo mantuvieron enfocado en la música. ¿El resultado? Ahora de adulto le gusta la música, pero tiene dificultades en su vida económica y ha tenido graves problemas con su dinero. ¿Enfrenta entonces sus retos financieros? No, se paraliza y los evita, porque se abruma mucho cuando trata con asuntos que le resultan difíciles. Después de todo, esa es una habilidad que sus padres nunca lo obligaron a aprender cuando era joven. No queremos que nuestros hijos, nuestro cónyuge o nuestro empleado tengan esa experiencia.

Existe una solución sencilla para este problema de la «doble autoimagen»: *Ayudar a las víctimas a sentirse competentes, ya que lo son*. El joven jugador de béisbol no necesita elogios infundados; necesita padres y entrenadores que apoyen sus intentos por desarrollar un mejor swing lanzándole centenares de bolas hasta que empiece a conectarlas. El joven estudiante graduado necesita un trabajo en que esté rodeado con personas igual de inteligentes, que le desafíen y le ayuden en su lucha con asuntos difíciles.

Las personas no se sienten primero competentes y después *se vuelven* competentes. Es al revés. Se vuelven competentes y *entonces* se sienten competentes. Es la historia, la experiencia, los turnos al bate, los que crean una sensación de que «puedo hacer esto». Y antes de alcanzar ese punto lo único que tenemos es: «Tengo personas que me aman y me apoyan aunque todavía no soy competente». Y eso basta. Entonces la secuencia es esta:

1. Antes de llegar a ser competentes somos amados, estamos bien, y recibimos apoyo de Dios y de los demás. Es la gracia, es decir, la esencia del amor que no se basa en el rendimiento —«Aunque no sea competente en esto, soy amado»—, la que representa la autoimagen positiva en esta etapa.
2. Tratamos cosas nuevas, y aunque nadie las hace bien al principio, la autoimagen que nos hace «ser amados» predomina.
3. Practicamos, aprendemos, buscamos consejo, fracasamos y nos adaptamos.
4. *Gradualmente* empezamos a hacer mejor las cosas. Ahora la autoimagen afirma: «Soy amado *y* soy competente».

Esto es lo que *funciona*. El amor precede a la confianza, pero esta no puede existir aparte del fracaso y la adaptación. Cuando nuestra autoimagen se alinea con lo que es real y verdadero acerca de nosotros (es decir, *cómo nos ve y nos experimenta Dios*) actúa *a favor* de nosotros, no *contra* nosotros.

Desarrollo de habilidades

He aquí algunas técnicas que le ayudarán a desarrollar la autoimagen que lo llevará a través de tiempos difíciles hacia el éxito y un estilo sano de vida. Pruébelas consigo mismo o con alguien que necesite ayuda con problemas de autoimagen.

1. **Cree un cuadro sencillo de la autoimagen con cuatro columnas:** positivos verdaderos, negativos verdaderos, positivos falsos y negativos falsos. Sin pensar mucho al respecto, enumere en cada columna cinco aspectos acerca de cómo se ve usted mismo o de cómo se ha visto. Por ejemplo, en positivos verdaderos podría escribir: «Paciente con otros». En negativos verdaderos: «Me distraigo cuando las cosas se ponen difíciles». En positivos falsos: «En ocasiones creo que soy mejor que otros». Y en negativos falsos: «Creo que me desespero cuando cometo una equivocación». Concéntrese en maximizar lo que es cierto en lugar de lo que es falso, *aunque sea algo negativo.* La realidad negativa es más poderosa que la irrealidad positiva.

2. **Medite en Salmos 139 y Romanos 3,** dos pasajes que definen el rango de la autoimagen. Salmos 139 tiene que ver con la maravillosa creación que somos; Romanos 3 trata acerca de nuestra tendencia a seguir nuestro propio camino y olvidarnos de quién es Dios. Pídale a Dios que le ayude a verse de ambas maneras, y que le ayude a captar que él le ama y que puede manejar ambos aspectos de usted mismo.

1. **Pida a tres personas confiables que le revisen la lista del numeral 1.** Pregúnteles sus impresiones acerca de los contenidos de las cuatro columnas. Una vez que le hayan dado su aporte, pregúnteles si están de acuerdo con los positivos verdaderos y los negativos verdaderos que usted ha escrito en su cuadro acerca de

la autoimagen. Luego pregúnteles si, incluso suponiendo que los verdaderos negativos continuasen, ellos seguirían manteniendo la relación con usted. Algunos amigos son reticentes en cuanto a esta parte porque quieren insistir en rescatarnos de esos negativos. Pero dígales: «Estoy en un curso de mejoramiento y crecimiento personal. La única manera en que puedo ser la persona que debo ser es teniendo buenos amigos que sean sinceros en cuanto a mis defectos y me ayuden a mejorar. No soy frágil».

CAPÍTULO 8

CAMBIE «ME LO MEREZCO» A «SOY RESPONSABLE»

Una escuela primaria en la ciudad donde uno de mis hijos, Ricky, asistía a la universidad me pidió que hablara en un evento para padres sobre el tema de criar hijos sanos en una cultura que enseña que lo merecemos todo. En mi viaje hacia el aeropuerto para volar a cumplir con el compromiso llamé a Ricky y le expliqué dónde iba a hablar esa noche. Le dije: «Mira, lo más probable es que los padres prefieran oír de ti que de mí acerca de este tema. Después de todo, tú eres el "producto final" de todo aquello sobre lo que hablaré esta noche, y tendrán curiosidad. ¿Podrías venir esta noche y hablar por cinco minutos sobre cómo te criamos en esta cultura que enseña que lo merecemos todo?». Estuvo de acuerdo.

Al aterrizar conduje hasta la escuela y di mi charla. Los padres que asistieron, claramente ansiosos en cuanto a cómo proveer para sus hijos sin malcriarlos, participaron e hicieron preguntas como: Si a los nueve años de edad los chicos no obtienen su teléfono celular, aunque sus compañeros ya los tengan, ¿les dañaría eso su autoestima y sus relaciones?

Hice hincapié en que Barbi y yo les decíamos a nuestros hijos, de mil maneras: «A medida que atravieses la vida con nosotros necesitarás muchas cosas. Tendrás lo necesario en aspectos como amor, comida, refugio, seguridad, valores, estructura, fe, oportunidad y educación. Nos comprometemos a ver que tengas lo que necesitas. Pero también queremos que sepas que, en realidad, no *mereces* nada. No puedes exigir un juguete, un teléfono, un ordenador portátil ni un auto. Esa actitud no funcionará con nosotros. Necesidad, sí; merecimiento, no tanto». Los padres parecían reaccionar positivamente a mi consejo.

Hacia el final de mi presentación vi a Ricky entrando al auditorio. Acababa de conducir desde su clase. Lo hice subir al escenario y lo presenté.

—¿Les puedes hablar a estos amigos de cómo criarse en una cultura que nos enseña que lo merecemos todo? —le pregunté.

—Papá y mamá no fueron los padres perfectos —declaró él—, pero hicieron un buen trabajo enseñándonos valores. Recuerdo una cosa que oí mucho con ellos: «Quizás necesites un montón de cosas, pero no mereces nada...».

Tuve que pasar el siguiente minuto o más prometiendo a la audiencia que reía a carcajadas que no habíamos preparado eso. Todavía no sé si me creyeron.

La manera correcta de merecer

Barbi y yo determinamos de manera intencional qué queríamos que nuestros hijos supieran a este respecto. Habíamos visto el fruto malo de familias en las que los hijos creían merecer algún regalo o privilegio como un derecho. Ese fruto malo se manifestaba en mala ética laboral, egocentrismo, grave rebelión contra la autoridad y problemas de relaciones. Quisimos que nuestros hijos supieran que estaban seguros, que eran amados incondicionalmente, que no carecerían de lo necesario, y que estarían bien. Pero también queríamos que supieran que mientras vivieran bajo nuestro techo una actitud exigente no les produciría nada bueno. «Me lo merezco» no resultaba con papá y mamá.

No podemos escapar de la frase «Me lo merezco» en nuestra cultura que exige privilegios. Se esconde en el tejido de nuestras relaciones y capta el centro de atención en nuestros medios de comunicación y entretenimiento. Cuán a menudo hemos oído o dicho palabras como estas:

- «Merezco un mejor novio o una mejor novia».

- «Merezco un gran trabajo».

- «Merezco una casa que esté a la altura de mi nivel».

- «Merezco ser tratado bien».

- «Merezco que los demás reconozcan mi potencial».

- «Merezco viajar y ver el mundo durante un año sin perder mi trabajo».

Expresé tales frases en primera persona, pero a menudo oímos esas mismas frases, o algunas parecidas, también en segunda persona, cuando algunos amigos bienintencionados tratan de asegurarnos que merecemos algo mejor de lo que somos o tenemos, sin darse cuenta de que así están alimentando nuestra creencia en cuanto a creer que lo merecemos todo.

El problema es que usamos las palabras de manera incorrecta más que lo que las empleamos de forma correcta. La mayoría del tiempo cuando decimos «merezco» nos estamos refiriendo a algo que deseamos o que incluso necesitamos, pero eso no es lo que las palabras significan realmente. Decir «merezco» significa que tengo derecho a algo y que por lo tanto puedo exigirlo. Comunica algo mucho más fuerte que un deseo o una necesidad. Es más, este derecho a exigir solo tiene sentido en dos contextos:

Como un derecho ganado. Cuando rendimos de manera satisfactoria en nuestro trabajo merecemos una compensación apropiada. Tenemos derecho a ella porque la hemos *ganado.*

Cuando ayudo a una empresa a desarrollar un paquete de compensación justa para sus empleados, hablamos acerca de esto. Los empleados que trabajan duro y logran los objetivos de rendimiento merecen cada centavo de su pago y todo aspecto de sus beneficios. La empresa literalmente les debe eso: «No le pongas bozal al buey mientras esté trillando» (Deuteronomio 25.4). Esta es una transacción anteriormente negociada, un acuerdo vinculante. En este contexto la declaración «merezco mis beneficios» es tanto algo correcto como bueno.

Del mismo modo, un empresario que crea un producto que le cuesta un dólar y que luego lo vende por dos dólares merece que este precio sea pagado por cualquier cliente que lo compra. El empresario ha invertido tiempo, recursos y dinero para llevar ese producto al mercado. Se lo ha ganado.

Como un derecho contractual de algo bueno. Esto sucede cuando alguna entidad jurídica confiere un derecho a una persona. Por ejemplo, la Constitución de los Estados Unidos proporciona ciertos derechos a sus ciudadanos, tales como el derecho a la libertad de expresión, a elegir religión, y a protección contra indagaciones y embargos irrazonables. Los ciudadanos estadounidenses no están obligados a poner esfuerzos o energía en asegurar estos derechos. Generaciones anteriores se los ganaron y los entrelazaron en el tejido de nuestro gobierno, el cual hoy los garantiza. Los padres fundadores querían que los ciudadanos tuvieran ciertos derechos que les darían libertad para llevar vidas significativas.

En tiempos bíblicos, los ciudadanos romanos también tenían derechos. Como ciudadano, Pablo apeló a uno de esos derechos: «Pero si no son ciertas las acusaciones que estos judíos formulan contra mí, nadie tiene el derecho de entregarme a ellos para complacerlos. ¡Apelo al emperador!» (Hechos 25.11). El apóstol no actuó de modo pretencioso o egocéntrico cuando hizo esa apelación. Como ciudadano romano tenía el derecho de exigir ese tipo de trato. *Los derechos contractuales como estos son revitalizadores y normales.* Usted merece los derechos contractuales que se le han otorgado.

Lo erróneo del merecimiento

La frase «me lo merezco» se convierte en un problema cuando simplemente expresa una necesidad o un deseo. Usada de ese modo estimula una actitud arrogante. Así solía decirles a mis hijos:

«Necesidad, sí. Merecimiento, no tanto». Las cosas se confunden y se estropean cuando no hacemos esta distinción. Consideremos algunos ejemplos:

- «Merezco un gran trabajo». Todos queremos un gran trabajo, pero nadie tiene un derecho ganado o contractual para una gran carrera. Tenemos que entrenar, explorar, empezar desde abajo, asumir riesgos, fracasar y trabajar duro para tener un gran trabajo. Y aun así no está garantizado.

- «Merezco un gran matrimonio». Todos los que llegan al altar quieren un gran matrimonio; este es uno de nuestros más profundos deseos en la vida. Pero nadie nos ha prometido que lo tendremos.

- «Merezco ser tratado bien por mi cónyuge». Nadie debe ser tratado mal. Y si su compañero o compañera está maltratándole en alguna manera, usted debe dar pasos para conseguir ayuda y establecer límites. Pero recibir buen trato es una necesidad, no un derecho.

Decidir lo que realmente *merecemos* tiene implicaciones teológicas. No merecemos la gracia y el amor de Dios, aunque él nos los extiende porque los necesitamos. Por el contrario, merecemos su ira, porque nuestra naturaleza pecaminosa ofende su justicia: «Éramos por naturaleza objeto de la ira de Dios» (Efesios 2.3). Si alguien debe entender por qué no podría ser una buena idea enfocarnos solo en lo que merecemos, somos los que creemos en Cristo.

Mientras que el mantra de creer que merecemos todo afirma: *Merezco que se me proporcione una buena vida,* el mantra del camino duro declara: *Soy responsable de crear una buena vida.*

Este capítulo mostrará por qué el camino duro es claramente la senda correcta para todos nosotros.

Por qué «Soy responsable» funciona mejor que «Me lo merezco»

Un enfoque continuo en «Me lo merezco» puede ocasionar problemas significativos para cualquiera. Quienes se aferran a esta mentalidad pueden pasar toda la vida sintiéndose frustrados, sin éxito, culpando a otros y vacíos. Por el contrario, la mentalidad que afirma que «Soy responsable» nos libera para llegar a donde necesitamos ir.

Mientras que «Me lo merezco» debilita, «Soy responsable» habilita

«Me lo merezco» nos dirige hacia alguien o algún poder externo para que nos provea algo que necesitamos. «Merezco ser feliz», por ejemplo, se enfoca en que alguien más me haga feliz. El problema es que cuando me enfoco en alguien diferente a mí mismo me vuelvo menos capaz y más dependiente. Cedo poder a otros, lo que hace mucho menos probable que obtenga la capacidad para poner mi vida en orden. Sin embargo, «Soy responsable de hacer lo que sea necesario para sentirme feliz» vuelve a poner el poder en mis propias manos, de tal manera que puedo canalizarlo hacia lo único que puedo controlar: mis comportamientos.

La mentalidad que pregona que «Soy responsable» nos invita a la acción. Nos impulsa a ir tras nuestros sueños y deseos, a solucionar problemas y a hacer del mundo (al menos nuestra parte de él) un mejor lugar. Está orientada en el movimiento. Por el contrario, la idea de que «Me lo merezco» lleva a una mentalidad pasiva, de víctima. Las personas se cierran y se niegan a tomar decisiones. Esperan que alguien más haga mejor las cosas por ellas.

He visto a muchos individuos que se sienten desdichados al asumir la posición de que ya que alguien los trató mal en una relación, ellos pueden expresar: «Merezco una mejor situación la próxima vez». No estoy hablando aquí de esos casos terribles en que alguien es maltratado y violado, o de aquellas situaciones en que el gobierno, la iglesia y nosotros como individuos debemos extendernos a los que tienen verdadera necesidad. Tales situaciones requieren restitución y ayuda exterior. Esos son casos en que clara y simplemente alguien no ha tratado a los demás de un modo humano.

Una amiga mía pasó por un doloroso divorcio para liberarse de un esposo que sencillamente era mala persona. La gritaba en público... yo presencié uno de esos incidentes, era horrible. Él controlaba las finanzas y gastaba el dinero en cualquier cosa que quisiera. Había muchos otros problemas derivados de tales actitudes y comportamientos. Después del divorcio ella adoptó esta actitud: «Merezco un hombre mejor por lo que pasé la última vez». No asumió la actitud que la hiciera afirmar: «quiero», «buscaré» o «no volveré a cometer esa equivocación»; sino que adoptó la que le hacía pensar que se lo «merecía»; ¿ve usted la diferencia? Me sentí mal por ella porque aunque entendía el dolor y la necesidad subyacente, sabía que eso la llevaría a tener problemas en su vida sentimental.

En efecto, los hombres rápidamente se percataban de que ella demandaba que fueran ciento ochenta grados opuestos al ex. Se enteraban de las maneras violentas del ex esposo (quizás mucho más de lo que hubieran querido). Mi amiga los hacía sentir como si fuera labor de ellos reparar el daño. Y, además de todo eso, por mucho tiempo la mujer permaneció ciega a sus *propias* contribuciones al fracaso matrimonial. Nunca analizó cómo había elegido a tan poco apto compañero marital, en primer lugar, qué había hecho erróneamente en la relación, ni cuán a menudo hizo un mal trabajo al lidiar con los problemas. La mujer ni siquiera miró esas faltas personales; así que, por supuesto, no mejoraron.

Después de años de lucha, mi amiga finalmente pudo cambiar su actitud a una por la que decía: «Debo asumir la responsabilidad de encontrar al individuo correcto». Y una vez que hizo ese cambio comenzó a ver cuán a menudo había tratado de rescatar sujetos inmaduros en vez de buscar un hombre adulto. Una vez que sus propias actitudes sanaron, los «individuos correctos» comenzaron a aparecer. El selector de personas de esa mujer ya no se encontraba deteriorado, como había estado. Se volvió más cálida, más susceptible y más atractiva para los individuos sanos.

Mientras que «Me lo merezco» distancia a las personas en las relaciones, «Soy responsable» las une

«Me lo merezco» es una declaración de transacción. Significa que alguien me debe. Establece una norma de rendimiento.

Pero las relaciones no deben ser de naturaleza transaccional. Tienen que ver con amor, susceptibilidad y conexión del corazón. Un elemento transaccional lanzado en una relación personal provoca estragos. Literalmente puede acabar con la conexión de amor.

Supongamos que un esposo que gana más que su esposa le dice: «He proporcionado un hogar para nosotros todos estos años. Merezco apoyo y atención de tu parte cuando llego a casa. Así que dámelo». Esta declaración lanza a su esposa ante la ley. En realidad, él le está diciendo: «Ámame porque se supone que debes amarme. Es más, te debes a mí». Si algo puede desanimar el flujo del amor, es esto. Ella siente una multitud de emociones, ninguna de ellas positiva: obligación, culpa, temor, desesperanza, falta de mérito y enojo. Bajo esas condiciones, ¿cómo puede darle a su esposo lo que exige? El corazón de ella se ha alejado de él. La esposa puede y podría obedecer aparentemente y expresar palabras agradables, pero los dos sabrán que no las está sintiendo.

Supongamos ahora que el esposo declara: «Mi trabajo me deja agotado. Necesito tu ayuda y tu atención cuando llego a casa. Pero sé que no puedes leerme la mente, así que mi deber es hacerte saber lo que requiero. Todo lo que necesito es que estés unos minutos conmigo cuando llego a casa. ¿Harías eso? Me ayudará de veras». El hombre simplemente cambió de la ley a la gracia; tiene realmente una necesidad, pero esta nueva postura detona en ella su propio sentido de cuidado, atención e interés. ¿No es esa una manera muchísimo mejor?

No podemos exigir amor. Este debe darse libremente.

Mientras que «Me lo merezco» obra en contra de la libertad de elegir, «Soy responsable» apoya la libertad

«Merezco una formación universitaria pagada por mis padres». Además del hecho de que esta declaración es falsa en todo sentido legal, tal postura también juzga a cualquiera que dice no. Si los padres deciden que sus responsabilidades económicas en cuanto a la educación acaban en el cumpleaños dieciocho de su hijo, entonces son malas personas y merecen ira de parte de su hijo o hija. No pueden decir no y seguir siendo buenos. Se encuentran en un doble vínculo absurdo.

Piense en el ejemplo anterior sobre el esposo exigente. Si su esposa expresa que también está demasiado ocupada con los niños o con su trabajo para darle más tiempo, de hecho es una mala esposa en la mente de él. Ella no es libre para decir no y seguir siendo una buena persona.

Y, sin embargo, Dios nunca juzga nuestra libertad de elegir. Nos anima, pues sabe que la única forma de tener una verdadera relación con nosotros, de corazón, *es que seamos libres para alejarnos de él*. Así es como interactúan el amor y la libertad. *Si usted no es libre para no dar amor, entonces nunca será libre para amar de verdad*. Cualquier otra cosa es absurda. Dios valora tanto nuestra libertad que Cristo murió por ella: «Cristo nos libertó para que vivamos en libertad. Por lo tanto, manténganse firmes y no se sometan nuevamente al yugo de esclavitud» (Gálatas 5.1).

A un nivel psicológico, esta exigencia a menudo revela un grave problema de control. La persona hace tal demanda porque tiene miedo profundo a ser rechazada. Por tanto exige y juzga a la otra persona en un intento por controlar el resultado. Casi siempre eso resulta contraproducente.

¿Cuál es entonces la solución? Creo que es renunciar a tratar de controlar la libertad de los demás (lo cual de todos modos es imposible). En vez de eso, seamos humildes y sensibles al expresar nuestras necesidades. Así tendremos mucha mejor oportunidad de conseguir que esas necesidades se suplan de veras.

Mientras que «Me lo merezco» es una exigencia, «Soy responsable» transmite necesidad y vulnerabilidad

«Me lo merezco» puede parecer pretencioso y arrogante, aunque la persona que lo dice no quiera que sea así. De todos modos las personas sienten la exigencia y a menudo creen que se espera que arreglen los asuntos para quien está expresando la necesidad.

Por el contrario, «Soy responsable de satisfacer mis propias necesidades» es una declaración vulnerable. Se enfoca en lo que no poseo y que es importante para mí; no asigna una exigencia a otros. Mis necesidades son *mi* problema y no el de alguien más. La declaración: «Soy responsable de mis necesidades» la reciben los demás muy bien. Se sienten más propensos a pasar tiempo, apoyar, escuchar y ayudar a quien toma esa postura.

En una fiesta reciente un amigo se me acercó trayéndome una mujer.

—Me gustaría presentarte a una buena amiga —declaró—. Está pasando una crisis matrimonial. ¿Puedes hablar con ella?

—Hasta pedir ayuda me hace sentir muy mal —se apresuró a decir la aludida—. Usted no está en su trabajo y se está divirtiendo aquí. Así que, si no tiene tiempo, está bien. Sinceramente ahora mismo estoy en un mal lugar.

Al instante sentí compasión por su situación, la cual pronto supe que en realidad era terrible. Quise ayudarla porque la dama estaba muy vulnerable. No me sentí presionado por la culpa, ni por la obligación ni por el deber. Hablé con ella como por veinte minutos y llegamos a algunas conclusiones viables.

Todos tenemos necesidades en la vida y es mucho mejor para nosotros expresarlas exactamente como eso, como necesidades, no como exigencias. Por ejemplo:

- Necesitamos el amor y la guía de Dios, no podemos exigirlos.

- Necesitamos que otros se preocupen profundamente por nosotros, sin condiciones, no podemos esperar que lo hagan.

- Necesitamos alternativas y libertad, y no podemos exigir que otras personas nos las proporcionen.

- Necesitamos recursos financieros, un plan para seguir adelante, y una manera de expresar nuestros talentos; pero es labor nuestra, no de alguien más, conseguirlos.

Mientras que «Me lo merezco» transmite privilegio especial, «Soy responsable» anuncia: «Me pondré al final de la cola, como todos los demás»

«Me lo merezco» comunica que es «mejor que» otros, y eso francamente no funciona con personas sanas. «Mi hijo merece representar el papel principal en la obra escolar», dice el padre que se basa en merecimientos. Todo maestro sabe el daño que recibe el niño en una situación como esa. Mi esposa ha trabajado como maestra de escuela primaria durante toda su carrera. Y ha visto cómo otros padres e hijos reaccionan por igual contra tal actitud. Cuando las personas la oyen, piensan: ¿Quién *te crees que eres?*

Todos podemos ser únicos a los ojos de Dios, pero no merecemos una posición mejor que cualquier otra persona a causa de ello.

Mientras que «Me lo merezco» niega la gratitud, «Soy responsable» la estimula

Los individuos en una relación transaccional no tienen agradecimiento. Hay simplemente un comportamiento requerido, un pago por la conducta, eso es todo.

Nuestra familia se ha dedicado a una variedad de ministerios y organizaciones benéficas con los años. Pero hace poco uno de mis hijos, Benny, estudiante universitario, descubrió que a solo algunas cuadras de su recinto universitario había centenares de personas viviendo en la calle. Las trágicas vidas de esos indigentes le desgarraron el corazón. Habíamos planeado conducir hasta su universidad para asistir a un partido de fútbol la semana siguiente, pero Benny declaró: «Quiero que salgamos temprano para el partido. Primero debemos ir hasta donde se encuentran esas personas y proporcionarles comida, agua, sábanas y medias».

Como familia estuvimos de acuerdo. Compramos los artículos y los pusimos en la cajuela del auto. Benny nos llevó a las calles donde vivían esas personas indigentes. Estacionamos, abrimos la cajuela y comenzamos a sacar los suministros. Pocos segundos después salieron personas de la nada para llevar lo que necesitaban. A los pocos minutos todos nuestros artículos habían desaparecido.

Nos sentimos impresionados por el nivel de gratitud que vimos en esas personas desafortunadas. Una y otra vez nos agradecían, nos estrechaban las manos y nos abrazaban. No mostraban ninguna sensación de que lo merecían o de que les debiéramos algo. Simplemente tenían gran necesidad. Asumieron la responsabilidad de esas necesidades al acudir a nosotros y, con humildad y sin exigencias, recibieron algunos artículos pequeños y sencillos, y expresaron su agradecimiento. No sé, no puedo juzgar cuánto del sufrimiento y la posición de sus vidas fueron causados por circunstancias difíciles más que por alguna actitud dentro de ellos o alguna acción imprudente que tomaran. Simplemente estoy señalando que podemos aprender del agradecimiento de aquellos que no tienen recursos.

Las personas agradecidas son propensas a ser más felices. El agradecimiento y creer que lo merecemos todo no pueden coexistir en el mismo cerebro.

La mejor manera

¿Cómo puede usted cambiar de manera de pensar, sentir, hablar y actuar de tal modo que lleve la vida en una forma que funcione de veras, sin una actitud que lo requiera todo? Considere estas sugerencias prácticas.

Sepa que las necesidades y los deseos son buenos, y son intrínsecos al ser humano. Si usted quiere una vida de éxito tiene que comenzar con deseo y necesidad. Eso no es egoísmo, es simplemente vivir en la realidad. Las necesidades son el medio por el cual sobrevivimos, conseguimos los recursos necesarios, y nos preparamos y equipamos para dejar nuestra huella en la vida. El deseo es la experiencia emocional que ayuda a señalarnos lo que necesitamos.

No reaccionemos de modo exagerado a la cultura del merecimiento al tratar de desterrar todas nuestras necesidades y nuestros deseos. Estos nos mantienen vivos y comprometidos, y nos proporcionan una manera de relacionarnos con el mismo Dios: «Deléitate en el Señor, y él te concederá los deseos de tu corazón» (Salmos 37.4).

Permítame aclarar: El camino duro *no* tiene que ver con tareas pesadas. No se desanime creyendo que debe comprometerse a una vida de esfuerzos agotadores. A la mayoría de las personas les gustó la idea de un libro acerca del camino duro como una cura para una mentalidad que cree que lo merece todo. Manifestaron: «Sí, eso es correcto, hacer frente a las cosas difíciles de la vida es una buena manera de vivir». Pero algunos de mis amigos no estuvieron de acuerdo. Uno de ellos, empresario que trabaja duro, expresó: «¡*No puedes* escribir un libro como ese! ¡Detesto la idea! Ya soy duro y perfeccionista conmigo mismo. Decido cosas difíciles todos los días. Pienso en tu libro y digo: ¿Más de esto? ¿Estás bromeando?». Dios nos diseñó tanto para enfrentar grandes retos como para disfrutar la vida. *Debemos* divertirnos, ser creativos, innovadores, soñar, recrearnos y disfrutar nuestros pasatiempos. Además debemos descansar. He aquí lo que el Predicador de Eclesiastés escribió:

> Por tanto, celebro la alegría, pues no hay para el hombre nada mejor en esta vida que comer, beber y divertirse, pues sólo eso le queda de tanto afanarse en esta vida que Dios le ha dado (Eclesiastés 8.15).

No existe ningún conflicto entre las dos experiencias. Es más, la parte de disfrutar alimenta y da energía a la parte del desafío. Vivir en el camino duro debe incluir tanto gozo y felicidad como trabajo duro.

En realidad, ¡algunos de mis ejecutivos más motivados podrían descubrir que *su* camino duro es aprender a relajarse y volverse inútiles por un tiempo! En tranquilidad y quietud tendrían que tratar con sus sentimientos de culpa, compromiso excesivo y codependencia. Créame: Para un perfeccionista, esa es la *verdadera* vida en el camino duro.

Haga lo que pueda hacer por usted mismo. Si sostiene una mala relación, no piense: *Merezco que se me respete.* En vez de eso, piense: *Esto no está funcionando. Soy responsable de detener esta locura, por lo que debo sostener una charla difícil y poner algunos límites, o tal vez buscar un consejero.* Usted actuará si se ve como el agente principal de cambio, no como una persona cuya vida está «en suspenso» hasta que alguien haga lo correcto.

Como asesor empresarial tengo un hábito que por lo general viene al final del día de consultoría, durante la sesión de resumen ejecutivo con el director. Revisamos la agenda y lo que sucedió, luego asignamos sus puntos de acción y los míos. No terminamos la reunión hasta que ambos tengamos nuestra asignación. *Entonces se resuelven los problemas y se desarrolla el crecimiento.*

Asuma la responsabilidad de pedir lo que no puede hacer por sí mismo. Usted no es alguien autosuficiente ni a prueba de balas. Tiene necesidades que no puede satisfacer solo. Para llevar la vida que necesita (no la que merece, ¿correcto?) tendrá que pedir tiempo, atención, comprensión, apoyo, aceptación, consejo y recursos a otras personas.

Lleve una vida de abundancia y generosidad. El mundo no es un lugar perfecto, pero Dios sigue siendo el dueño del ganado de mil cerros (Salmos 50.10). Cuando usted se siente (o incluso, en realidad, está) desfavorecido, tiende a pensar en «exigir y merecer». Percátese de que aun en circunstancias terribles Dios le ama y le ayudará. Él tiene un camino por delante que es bueno para usted y para los demás.

A menudo pienso en lo que significa dar gracias antes de una comida con mi familia o con mis amigos. Orar es el acto sencillo y humilde de agradecer a Dios por lo que provee para nosotros tangiblemente, en nuestra comida, e intangiblemente en lo que la comida simboliza: su amor, provisión y cuidado. Cuando estoy en ello lo único que siento es gratitud por la bondad de Dios, no hay espacio para creer que merezco bendición. Así es como cada día debemos proceder como pueblo de Dios... y como personas en crecimiento.

Desarrollo de habilidades

1. **¿Dónde ha visto más a menudo el mal uso de creer que «me lo merezco»?** ¿En la cultura? ¿En una familia? ¿En una relación? Preste atención a la frase en las conversaciones diarias. Le sorprenderá la frecuencia con

que se expresa. Analice más a fondo y descubrirá mensajes de merecimientos debajo de esa mentalidad.

2. **Enumere cinco cosas que necesita y desea en la vida,** y escriba un párrafo para cada una, comenzando con: «Soy responsable de satisfacer mi necesidad de...». Luego sea creativo y sugiera ideas, hábitos, personas y recursos que le ayudarán a lograr que esas necesidades se suplan.

3. **Considere cinco cosas que usted es responsable de hacer,** no por sí mismo sino por otros. Somos responsables no solo de nuestro bienestar; fuimos creados también para amar y servir a otros. Sea específico: una organización benéfica en la que cree, un niño que necesita más tiempo de usted, una relación que debe reconciliar o un servicio que usted quiere llevar a cabo. La verdadera felicidad es imposible si no cumplimos nuestras responsabilidades de servir a otros.

CAPÍTULO 9

HAGA LAS COSAS DIFÍCILES PRIMERO

Usted nunca ha recibido un trofeo de ganador antes de jugar el partido final del campeonato. Nunca le han ofrecido un ascenso antes de destacarse en su trabajo. Sus padres nunca le dieron instrucciones de que se asegurara de comer primero el postre y no preocuparse por los vegetales, ya que de estos se encargarían ellos.

¿Por qué no sucedió ninguna de estas cosas? Porque no es así como funcionan las vidas triunfantes. No es sensato obtener trofeos antes de ganar los partidos, obtener un ascenso antes de rendir bien o comer dulces antes de consumir toda la comida. Sin embargo, una actitud que cree merecerlo todo nos dice que eso se puede tener y que las cosas deberían ser de ese modo: «Puedes tenerlo todo. Haz primero lo fácil y lo cómodo, y serás recompensado con muchas cosas maravillosas».

Eso es mentira.

La insistencia de la enfermedad del merecimiento en dejar lo difícil para más tarde (o para nunca) resulta en un desastre. Averigüemos por qué.

El próximo paso difícil

Supongamos que usted me pidiera que lo guiara en cuanto a cómo encontrar la carrera de sus sueños. Usted tiene cuarenta y dos años de edad y es una persona agradable; y, aunque su actual cargo le ha permitido pagar las cuentas, no es emocionante, no lo representa a *usted,* pues no tiene pasión en lo que hace. Usted quiere algo que le haga emplear sus fortalezas y sus habilidades, que signifique algo para usted, y que provea para usted y su familia. Este es un escenario común y uno muy importante.

Empezaremos nuestra búsqueda de esta nueva trayectoria profesional a través de un proceso de descubrir las fortalezas que usted tiene, de mirar oportunidades por allí, y de evaluar qué le ha funcionado y qué no. Con cada cliente individual que asesoro a lo largo de este proceso largo y difícil llegaremos a un punto particular. Ese punto podría ser que su tiempo lo están absorbiendo problemas laborales o familiares. O que usted no se siente tan apasionado con ese proceso de búsqueda profesional como cuando comenzó... la luna de miel terminó. O podría ser que usted tenga otras responsabilidades, tales como un amigo que necesita mucho de su tiempo para que le ayude a superar un divorcio. Todo eso le está quitando energía. Ese punto es una etapa importante en su proceso de crecimiento. Y puede paralizarlo, desviarlo o descarrilarlo.

Cuando llegamos a ese escenario, sé que usted está a punto de encontrar lo que llamo su «Próximo Paso Duro» (PPD). Su PPD es la decisión que usted debe tomar para que lo lleve más allá de la dificultad. Lo llamo duro porque casi siempre lo es. Podría ser simple, y podría ser claro, pero no será fácil. La mayoría del tiempo usted dirá: «He estado aquí antes». Y sí, ha estado. Pero esta vez usted tiene que hacer algo al respecto, algo que le ayudará finalmente a resolver el asunto.

Identificar su PPD constituye gran parte de la victoria. Una vez que sepa que tiene que decir no a alguien, eliminar algo bueno a fin de hacer espacio para algo más grande, o confrontar a otra persona, ya casi está allí. Pero para ir más allá de eso hay actitudes con las que usted debe tratar a fin de mantenerse en movimiento. El mantra del merecimiento con relación a su PPD declara: *El próximo paso duro es demasiado difícil, así que ahora simplemente haré cualquier otra cosa.*

La mayoría de las personas han triunfado no por esperar sino por tomar una decisión difícil. El mejor sendero es el mantra del camino duro, el cual manifiesta: *Hoy decidiré hacer algo que ayude a resolver mi obstáculo y me sentiré mejor.*

El PPD puede tomar muchas formas. Tal vez usted encuentre las suyas en los siguientes ejemplos.

Calendario elaborado, estructurado y dedicado

Un PPD importante es simplemente sentarse con un calendario y dedicar el valor de sesenta días a lo que usted quiere ver que suceda. Parece simple, ¿verdad? Y en realidad lo es. Pero simple no siempre significa fácil.

He aquí la razón de que este PPD no sea fácil: *Es mucho más difícil eliminar elementos del calendario que añadirlos.* Somos acaparadores por naturaleza, especialmente de cosas que parecen buenas y positivas. Por lo general, nos parece bien añadir elementos, pero no nos parece tan bien eliminarlos.

Supongamos que usted desea lograr que su investigación se enfoque en ese proyecto del que hablamos en cuanto a buscar una nueva carrera. Usted está motivado, listo para empezar. Es probable que le tome cuatro horas semanales durante un par de meses comenzar a ver algunos resultados medibles. Eso parece una obligación, ¿no es así? Factible, pero sigue siendo una obligación. Entonces usted va a su calendario para encontrar ese tiempo. ¿Qué ve?

- Eventos deportivos de los niños

- Un trabajo (o dos) que siente que lo consume todo

- Participación en la iglesia

- Actividades sociales

- Un padre anciano a quien cuidar

- Obligaciones escolares de los chicos

- Ejercicio

- Visitas al médico

Muchas personas se quedan en este punto. Sus mentes se sienten abrumadas, por lo que el PPD no se consigue. Usted piensa: *Ah, bueno, lo conseguiré cuando el polvo se asiente.* Respuesta equivocada; simplemente no es así como funciona la vida. El polvo se asentará solo cuando *usted* se vuelva hacia él.

Ir en contra de la corriente de la vida

Su PPD podría ser una decisión que le haga salir de su rutina, una proposición más difícil de lo que podría pensar. Es bueno tener sueños grandes y visiones gloriosas, pero una vida estable y «aceptable» con pocos problemas mayores es un imán poderoso. Estira y estira, diciendo: «Mantén la calma. Toma la vida como viene. No seas tan quisquilloso... como tus padres».

Este es el PPD de la inercia. La inercia es una fuerza poderosa porque se necesita poca energía para seguir siendo como usted es, y aún puede ser razonablemente feliz de ese modo. Pero poner energía en *no* ser como sus amistades, en *no* pasar el rato con algunas de ellas, y en hacer algo que valga, requiere mucho más de usted.

Ir en contra de las expectativas de otros con usted

Un PPD clave para usted podría ser defraudar a alguien que tiene en mente un futuro distinto del que usted ha previsto. Usted no quiere que esa persona se sienta mal; quiere que se sienta orgullosa de usted. Pero esta es una trampa.

Un amigo mío con más de veinte años de edad me dijo hace poco que tiene miedo de terminar como su papá.

—¿Y qué es lo malo con tu padre? —pregunté.

—Él es un hombre muy bueno y un gran padre —contestó—. Pero nunca hizo lo que quería hacer en su profesión y ahora que tiene más de sesenta años no tiene muchas opciones.

Le pedí que se explicara.

—Papá quería estar en el negocio de la arquitectura. Era bueno y le gustaba mucho el proceso creativo de unir estructuras. Pero su padre, mi abuelo, le dijo que debía hacer algo más estable, como ser contador. Así que eso es lo que hizo... y nunca le gustó. Además, no era especialmente bueno en eso. Yo no quiero terminar de esa manera.

El padre de mi amigo nunca se fue contra su propio padre, pero ahora está viviendo una triste historia. Felizmente mi amigo no cometerá esa equivocación. Él ya ha visto la senda y se siente decidido a seguirla. Ya está haciendo movimientos, incluso en una etapa temprana de su vida, con el fin de averiguar lo que necesita para seguir sus sueños.

El finado Howard Hendricks solía declarar: «Puedes hacer muchas cosas. Pero asegúrate de encontrar aquella que debes hacer».

Tal vez usted no tuvo un padre que lo desilusionara. En lugar de eso podría tener un cónyuge, alguien con quien está saliendo, u otra persona que sea importante para usted. Dios nos hizo a todos seres relacionales, por lo que la gente debería importarnos. Pero la posibilidad de sostener una conversación difícil con alguien importante (alguien que podría desaprobar el sueño que usted tiene) podría ser un PPD retador.

Empiece desde abajo

Sobre todo en un ambiente laboral usted quizás deba comenzar en un peldaño más bajo del que le gustaría. ¿Quién no quiere la mejor oficina, la ejecutiva? Es humillante trabajar en la sala de correo. Creerse con merecimientos se vuelve especialmente poderoso en el lugar de trabajo. Usted podría pensar: *No merezco esto. ¿Es en realidad mi jefe mucho mejor que yo?* O: *Esto es demasiado embarazoso. Creo que es mejor jugar a la lotería.* Y, por ende, su PPD detiene todo el proceso.

Tuve que decirle a un amigo que a su hijo lo podían emplear solamente en cargos de nivel básico hasta que desarrollara una ética laboral y obtuviera alguna experiencia. Mi amigo se sintió molesto por la noticia, pero apoyó mi recomendación. Ayudó a su hijo a encontrar algo básico. El joven no se puso contento con eso y sus amigos lo llamaron tonto. Pero encontró otras amistades y después de un año estaba encaminado hacia la gerencia.

Cómo crear su propio próximo paso duro

Acabo de dar ejemplos de los PPD más comunes. Usted podría encontrar más. Tal vez ha estado evitando una conversación difícil. Quizás aún no ha renunciado a un comité que no funciona bien, pero que lo aleja mucho tiempo de su sueño. O es posible que deba comenzar a ahorrar dinero para un proyecto que le interesa. O podría tener que decirle a alguien que no tiene tiempo para almorzar juntos cada semana y aconsejarle. Llene el espacio en blanco.

He aquí algunas preguntas que le ayudarán a identificar su propio PPD:

- ¿Cuál es el patrón que lo tiene estancado? Analice los detalles y vea los grandes temas de su vida y de sus actividades. Podría tratarse de problemas con sus niños, asuntos de dinero o aburrimiento.

- ¿A qué podría tenerle miedo? El miedo puede paralizarlo. Tal vez tema defraudar a alguien o hacerlo enojar, o podría ser que usted tenga miedo a fracasar.

- ¿Qué hace con su tiempo cuando está evitando la situación? Échele una mirada a sus «atareadas» conductas: demasiado tiempo en línea, en Facebook o en el campeonato de fútbol, o revisando de manera obsesiva el correo electrónico. Aprenda a ver estas cosas como automedicaciones que le están impidiendo seguir adelante.

- *¿Cómo se sentiría después de haber hecho algo difícil que funcionó?* Sentiría esperanza, energía y amor propio. Mantenga en mente esa imagen de sí mismo para que le ayude a recordar que los próximos pasos difíciles valen la pena.

Ábrase paso a través de su PPD

Los PPD son verdaderos obstáculos. Pero no son insuperables, y usted puede ver algunos rápidos y dramáticos beneficios si adopta los principios que siguen. Si usted ha embestido de frente una y otra vez contra su actual PPD y aún no lo ha derrotado (o si, en lugar de eso, lo ha *evitado* una vez tras otra), entonces es muy probable que haya dejado que el desánimo lo domine. El tiempo pasa y usted llega a habituarse a la misma vieja historia de siempre. Por eso, a medida que trate las técnicas que siguen, es posible que tenga que romper un poco de concreto. Pero valdrá la pena.

Piense y hable de lo que esto hará por usted

El solo pensamiento del merecimiento se opone a la idea de que algo difícil dará fruto. El pensamiento del camino duro es lo opuesto; es más, se basa en esa misma idea. Usted se apresta a enfrentar un comportamiento o una conversación que lo acercará a algo que anhela. Por tanto, piense en ello, hable al respecto, siéntalo. Cada vez que una empresa quiere lanzar un nuevo producto o política gasta tiempo y recursos en proyectar una visión. No les dice simplemente a los empleados: «Aquí está el nuevo plan». Los ejecutivos empresariales saben que el plan no será reconocido, y que la gente debe apoyar incondicionalmente la visión a fin de aceptarla y perseverar con ella. El pueblo perece cuando no tiene visión (Proverbios 29.18).

Por eso es que las personas pegan fotos de ropa más delgada en sus refrigeradoras cuando quieren perder peso, y por eso es que los domingos visitan casas modelo aunque saben que no pueden pagar la cuota inicial durante uno o dos años más. Es necesario que haya una imagen en mente, una visión de lo que usted quiere.

No endulce lo negativo

Aunque esté cargado de visión, usted debe enfrentar la verdad de que su PPD implicará dificultad y lucha. Por eso es que la «D» va al final. Lo peor que puede hacer para usted mismo es pensar: *No será tan malo, incluso podría disfrutarlo*. Eso no funciona así porque si usted tiene esa expectativa cuando enfrente el obstáculo también enfrentará la desilusión, que es un enorme asesino de la energía. Esta desilusión viene de la brecha entre su expectativa y la realidad. Usted cree que alcanza un cuatro en la escala de diez de la dificultad, pero en realidad era un siete. Tal cosa podría hacerle detener por completo su avance.

En lugar de eso, enfrente la realidad. No endulce lo que va a ocurrir y cómo podría parecerle el cambio. Si se ha preparado para lo que ha de venir, entonces en realidad sentirá esperanza y energía cuando llegue esa situación. Ese es el tipo de energía que los atletas sienten en los vestidores cuando el entrenador les dice que la próxima mitad del partido requerirá todo lo que tienen dentro de ellos. Hemos nacido para abrirnos paso a través de las situaciones que requieren esfuerzo; ese es nuestro ADN y nuestra esencia desde el principio. Estamos destinados para esto: «Llenen la tierra y sométanla» (Génesis 1.28). La palabra traducida «sométanla» implica imponer *orden en medio del caos*. Por aterrador que sea su PPD, superarlo requiere traer algo que ayude a que sus pasos estén ordenados a fin de salir de algún caos improductivo e ingresar a un sendero de logro.

En medio de un difícil divorcio una amiga mía oyó algo inesperado pero sumamente útil de parte de su terapeuta: «Este proceso de crecimiento a veces será doloroso y confuso. Usted podría sentir que está tocando fondo. Pero si persevera en esto y es sincera consigo misma, estará bien y su vida será mucho mejor».

No hubo endulzamiento allí. Pero mi amiga dijo que irónicamente las palabras del terapeuta la animaron porque confiaba y creía en él. Ella sintió que ese profesional le había dado una visión confiable del futuro. Mi amiga podía confiar en esa visión. Y después de los tiempos fatídicos, ella llegó a estar emocionalmente más fuerte, más sana y más feliz.

Comprenda que existe un final para el PPD

Su PPD es algo temporal, no una eternidad. En realidad es algo que comienza, un punto de partida, un tiempo de salir de la inercia. No durará para siempre.

Dígase: *Cuanto antes enfrente esta situación difícil, más pronto tendré mi vida donde la quiero.* Así es como trabajan nuestras mentes: mientras más evitamos el PPD, más tiempo parece necesitarse. Aumenta y se expande en el tiempo. Recuerde que una llamada telefónica difícil no durará para siempre. La gente tiene que irse y cenar en algún momento.

He encontrado útil limitar de modo deliberado la cantidad de tiempo que usted dedica al PPD. No hay nada malo con decidir: «Haré algunas llamadas para unas entrevistas de trabajo durante una hora, luego iré a encestar canastas por diez minutos». O: «Llamaré al sujeto para decirle que nuestra única cita no funcionó y no hablaré con él por teléfono más de quince minutos». Mi experiencia es que sobre todo en los PPD en que hay conversaciones entregamos el control de nuestro horario a la persona con quien estamos hablando. Este es un mecanismo de culpa que declara: «Estaré en el teléfono contigo hasta que te sientas mejor o hasta que estés de acuerdo con mi decisión, o hasta que al menos te sientas escuchado». Eso no hace bien a nadie. Sea amable y ponga un límite razonable a las llamadas difíciles.

Aprópiese de su fortaleza

El PPD tiene una fuerza en sí, un poder para hacerle sentir pequeño, indefenso y débil. Cuanto más tiempo lo posponga, más grande se vuelve y usted resulta más pequeño. Ayuda recordar que usted es una persona adulta. Los adultos hacen cosas difíciles todo el tiempo. Se levantan y van al trabajo, se preocupan por otros cuando no desean hacerlo, obedecen a Dios cuando parece contradictorio. Percátese de sus propias fuerzas como un ser maduro.

He encontrado cuatro buenas maneras de reconocer sus fuerzas. Cada una de ellas le ayudará a moverse dentro de su PPD.

Recuerde su historia. Usted ha hecho cosas difíciles antes. Recuérdelas. Piense en cuando le pidió que salieran juntos a esa chica en el colegio, cuando se enfrentó a alguien que había sido controlador o crítico, cuando se unió al gimnasio y se sintió mejor consigo mismo. Dios nos da bancos de memoria destinados a animarnos porque hemos hecho cosas buenas y somos capaces de volver a hacerlas.

Pídale a Dios que le fortalezca. Dios nos anima a lo largo de la Biblia a confiar en nuestro éxito cuando seguimos sus senderos. Un pasaje como Isaías 41.10 nos dice: «Te fortaleceré y te ayudaré; te sostendré con mi diestra victoriosa». Examínelo varias veces e imagínese a Dios parado detrás de usted, apoyándolo en el PPD. Como suele decir un buen amigo mío: «Él no se ha caído de su trono», incluso en lo que respecta al PPD que usted debe enfrentar.

Pídale la opinión a un amigo. Esto es algo inteligente que hacer, no algo tonto. Tarda cinco minutos. Yo lo he hecho. He adiestrado a ejecutivos a hacerlo. Llame a alguien en quien confía y diga: «Estoy frente a una montaña. ¿Crees que soy capaz de superar esto?». Vale mucho oír que la otra persona exprese: «Por supuesto. Sé que puedes, sé que eres capaz de hacerlo... creo en ti». Lo fundamental del ánimo es que alguien crea en usted cuando usted ya no cree en sí mismo.

Exprese las palabras. Reflexionar o simplemente declarar para sí realidades que usted necesita oír puede ser útil. Las investigaciones respaldan esta afirmación. Por ejemplo decir: «Puedo ejercitarme mañana y después me sentiré mejor», ayuda a que su cerebro se prepare para la acción y lo positivo. Cuando usted se escucha, oye a un adulto en el cual tiene confianza.

Dé un paso

Su PPD tiene que ver con un comportamiento específico, por lo que podría tratarse de uno que usted ha estado evitando: una llamada telefónica, establecer un límite con una amistad, una conversación, cancelar una suscripción a una revista que no necesita, salir del Facebook después de treinta minutos. El comportamiento es medible. No es vago. Solo es un comportamiento.

Y el comportamiento siempre empieza con un paso. Incluso uno pequeño. Podría tratarse de algo que hoy toma solo diez minutos. Eso está bien. Un paso empieza el proceso y lo pone a usted en un mejor lugar.

Yo sabía que debía trabajar hoy en este libro, pero estaba enfrentando dificultades para encontrar las palabras correctas, como pasa a menudo con los escritores. Cuando mi esposa vino y me preguntó cómo me estaba yendo, me sentí avergonzado pero le dije la verdad.

—Escribí cinco palabras —confesé.

—¡Fabuloso! —exclamó ella—. Cinco más de las que habías escrito antes.

Mi esposa tenía una perspectiva distinta; la suya era la correcta.

A veces le digo algo a un cliente a quien entreno y que se siente abrumado, y por tanto está escapando, que le ayude a desglosar su PPD en pasos pequeños y más diminutos que no se sientan tan desalentadores, como mis cinco palabras. Supongamos por ejemplo que se trata de una llamada telefónica que usted debe hacer para decirle a alguien que no puede reunirse con esa persona tan a menudo como esta desea, pero que pueden reunirse cada dos meses en lugar de una vez por semana.

Si a usted le gusta complacer a los demás, su mente se precipita hacia lo desalentado y devastado que el otro individuo se sentirá. Al sentirse así, usted podría terminar posponiendo para siempre la llamada telefónica. Por tanto, en lugar de eso, simplemente calendarícela: «Llamar a Laura el jueves a las 2 de la tarde», o «Hablar con Laura en nuestro próximo almuerzo acerca de cambiar la frecuencia de nuestras reuniones». El solo hecho de calendarizar lo que hará lo ubica a usted en la mitad del camino. Los pasos más pequeños funcionan.

Acepte que las cosas difíciles implican cometer equivocaciones

La pesadilla del perfeccionista es esperar hasta que se haga lo «correcto». Hay miles de lienzos en blanco donde debería haber una pintura, hay un archivo vacío en la nube donde debería estar un libro, y hay grandes empleos que están aceptando otras personas porque usted ha querido esperar hasta que las cosas sean perfectas. Las cinco primeras veces que hacemos algo es por lo general cuando cometemos las mayores equivocaciones, trátese de una conversación difícil, de rehacer el calendario en nuevas maneras, o de desilusionar las expectativas de alguien con usted. *Sin embargo,* dé ese paso.

Mi esposa y yo hicimos un viaje para pasar algún tiempo en el océano, y mientras caminábamos por la playa vimos a un joven haciendo una clase de surf especial llamada skimboard. No era muy bueno. Se caía mucho de la tabla, la cual se enterraba en la arena. Me sentí mal por él, hasta que me di cuenta de que a él no le importaba. Su expresión no era de desánimo sino de determinación.

Lo pasamos mientras nos dirigíamos a la playa. En nuestro viaje de regreso treinta minutos más tarde, al joven le iba mucho mejor con la tabla. Oí que le gritaba a su padre: «¡Ahora lo estoy haciendo mucho mejor!». Había empezado muy mal, como el noventa y nueve por ciento de nosotros, a menos que seamos especialmente dotados. Pero él mejoró.

Dentro de las veinticuatro horas de leer este capítulo, dé un PPD complicado. Tal vez le vaya mal en la conversación, pues la persona a la que llamó podría haberle colgado. ¿Sabe qué? El mundo no se acabará. El perfeccionista que hay en usted empezará a sentirse más saludable. Dé un paso imperfecto.

Su PPD se parece mucho a ese desagüe obstruido en su fregadero. Ha sido un dolor de cabeza. Pero cuando usted vierte Drano y usa la bomba para desatascar, la obstrucción se elimina y se obtiene movimiento. El agua comienza a fluir.

¿No se siente cansado de no superar el PPD y poder dar el siguiente paso? Elimine la obstrucción y enfréntese al PPD.

Habrá otros (¡y muchos de ellos!), pero el primero siempre será el más difícil. Hemos hablado de establecer un nuevo hábito: el de emprender sin miedo su PPD. Este es un hábito generalizable que se transferirá del trabajo a la vida personal y a las relaciones, y brindará apoyo moral.

He aquí un ejemplo tonto: Cuando estoy en el océano me desagrada mi primer encuentro con las olas. Me aterra el agua fría, que hace sobresaltar mi sistema. Hace años habría entrado al agua usando el método «mil pasadas de la máquina de afeitar»: dar un paso lento a la vez, luego llenarme de valor antes de dar el próximo paso lento. Eso me hacía sufrir mucho, muchísimo más. Peor que eso. Así que desde entonces opté por sumergirme dentro del agua fría tan pronto como fuera posible. Eso me ha funcionado. Me adapta más rápidamente al frío, se siente muy refrescante y disfruto el día.

¿Recuerda cuando dije que este hábito es generalizable? Hace poco tuve que participar en una conversación en la que confronté a un cliente, la cual me gustó mucho. Él tenía una actitud de aislamiento con sus subalternos principales, lo cual estaba perjudicando a la empresa. El hombre simplemente no escuchaba las preocupaciones legítimas que ellos tenían. Yo había pospuesto la conversación más o menos durante un mes, pensando que el sujeto mejoraría. Pero las cosas se estaban deteriorando rápidamente en la cultura de la empresa.

Durante nuestra llamada telefónica periódica, mientras examinábamos nuestra agenda normal, me di cuenta de que había llegado el momento de confrontar el problema de actitud de esa persona. Cuando detecté un punto de partida en la conversación, recuerdo haber pensado: *Es hora de zambullirme en las olas.* Expresé: «Debo hablarte de un problema que es necesario resolver, se trata de tu actitud». Y así es como empezamos. El asunto no resultó ser tan malo. El hombre estuvo dispuesto al cambio.

Simplemente lancémonos al agua.

Desarrollo de habilidades

1. **Identifique su propio PPD.** Podría tratarse de su vida profesional o de su vida privada. Escriba el comportamiento específico que deba efectuar.

2. **Anote lo que le ha costado evitar su PPD:**
   ¿Tiempo? ¿Dinero? ¿Oportunidad? ¿Paz mental?
   ¿Libertad? ¿Energía? Ver el costo le ayudará a comenzar.
   Usted *no* quiere que eso siga sucediendo.

3. **Cuente a tres amigos que quiere dar ese paso**
   específico dentro de una semana. Pídales que le
   envíen mensajes de texto, que le den llamadas de apoyo y
   responsabilícese por ese período de una semana.

CAPÍTULO 10

CUMPLA LOS COMPROMISOS INCÓMODOS

Algunos de los individuos más agradables del mundo son también excéntricos totales. Pueden ser cariñosos, bienintencionados y amables. Pero al mismo tiempo pueden ser poco dignos de confianza. Tengo varios amigos que están en esta categoría, y en realidad disfruto mucho su compañía. Solo que no invertiría dinero con ellos.☺

Piense por un momento en cómo relacionarse con individuos no tan confiables. Cuando usted planifica salir a cenar con varios de ellos siempre está el sujeto acerca del cual se puede decir: «Bueno, siempre estará allí, pero no cuentes con él. Por lo general, algo surge en el último minuto». Por tanto usted tiende a dar una solución con esa persona porque, aunque no es digna de confianza, también es alguien agradable y divertido con quien estar.

De vez en cuando, con los años, he empleado contratistas para hacer mejoras en casa; de todo, desde alfombras hasta gabinetes. El proceso normal es que dos o tres contratistas presenten ofertas competitivas para la obra y seleccionemos a uno. Cuando empecé a hacer eso yo compraba basado en el precio. Me decidía por la oferta más barata.

Pronto comprendí lo erróneo de mis decisiones. Sin lugar a dudas, «barato» significa que la persona elegida «no da la cara».

El contratista se presenta al principio y se mete de lleno en el trabajo, lo que me hace feliz porque mi contratación parece tanto buena como barata. Después recibimos una llamada y nos dice que no va a venir a casa porque un trabajador se enfermó o porque algunos materiales no llegaron a tiempo. Luego el individuo no da la cara: no llama ni manda correos electrónicos, nada de nada. Entonces llamamos y discutimos, y reprogramamos nuestras propias vidas alrededor de un nuevo acuerdo. Eso será frustrante e irritante y, si contamos nuestro propio tiempo como dinero, resultará incluso más costoso.

Con el tiempo aprendí a elegir profesionales que tuvieran grandes referencias, aunque no me hicieran las ofertas más baratas, lo que solucionó la mayor parte de nuestros problemas. Sin duda, asumo un golpe económico inmediato, pero aparecen cuando lo prometen, hacen el trabajo según lo convenido, y lo cumplen hasta el fin. En materia de mejoras del hogar, obtenemos aquello por lo que pagamos.

Nuestra cultura de merecimiento absoluto está en contra del compromiso y a favor de evitar; o para ponerlo de otro modo, «a favor de dejar así las cosas». El mantra de la exigencia de derechos y privilegios es: *Si un compromiso es algo demasiado difícil, dejémoslo así. La gente entenderá.* Por el contrario el mantra del camino duro es: *Hagamos lo que decimos que vamos a hacer, del modo que decimos que lo haremos, cuando decimos que lo vamos a hacer.* Aunque esto es difícil, se trata de nuestra palabra. La Biblia habla del individuo «que aun jurando en daño suyo, no por eso cambia» (Salmos 15.4, RVR60). Ese «daño» puede tomar muchas formas:

- Mantenernos fieles a un precio que prometimos aunque los costos subieron desde que hicimos la oferta

- Levantarnos temprano para ir a desayunar con un amigo aunque nos hayamos acostado tarde la noche anterior

- Seguir dando nuestro porcentaje a la iglesia y a las organizaciones de servicio aunque estemos pasando por una crisis económica

- Estar a tiempo en una reunión aunque tengamos que salir temprano de otra

- No necesitar que alguien nos recuerde que debemos hacer mandados o tareas, y simplemente tomar la iniciativa de hacerlos nosotros mismos

- Llamar a alguien que ha tenido dificultades, y a quien le hemos dicho: «Te llamaré para saber cómo te está yendo»

Hace poco mi familia y yo fuimos invitados a cenar con otra familia, nuevos amigos a quienes realmente queríamos conocer. Fue algo espontáneo, una invitación en la tarde para cenar esa noche. Sin embargo, ya antes habíamos hecho planes para pasar la noche con unos viejos amigos. Esta tertulia no podía reprogramarse fácilmente y, más importante aun, habríamos tenido que cancelarla a último minuto. Para tratar el asunto tuvimos una breve reunión familiar que tardó cerca de veinte segundos. Habíamos hecho una promesa a nuestros amigos de toda la vida, eso era todo. Nos sentimos tristes por no poder visitar a nuestros nuevos amigos, pero hay una forma correcta de hacer las cosas.

¿Ha estado alguna vez al otro lado de esto, siendo el «viejo amigo» que recibió la cancelación? No es una experiencia agradable; y duele que alguien más le cancele porque apareció algo mejor.

Lo pequeño es un asunto importante

Podría no parecer gran cosa, pero hacer y cumplir compromisos incómodos es un asunto realmente importante, en todos los niveles de vida. Los compromisos son promesas y las promesas mantienen al mundo unido. La civilización no podría sobrevivir mucho sin suficientes personas que cumplan sus promesas, incluso compromisos difíciles de cumplir e incómodos. Piense en cuán críticos compromisos existen en nuestro mundo:

- *Contratos.* Los negocios se basan en contratos, los cuales son documentos que constan de promesas. La empresa A promete entregar un producto a la empresa B en cierto tiempo por X cantidad de dólares. Si ambas partes hacen lo correcto, todo el mundo queda satisfecho. Si A o B fallan, el contrato se anula, y luego podrían resultar costosos y confusos problemas legales.

- *Votos matrimoniales.* En la ceremonia de bodas el novio y la novia se hacen promesas mutuas de ser fieles y de apoyarse en enfermedad y en salud, en riqueza o en pobreza, en las buenas y en las malas. Este es uno de los compromisos más profundos que alguien puede hacer, porque nuestra naturaleza es marcharnos cuando las cosas se ponen difíciles. He trabajado con muchas parejas que han soportado cosas muy difíciles como traición, indiferencia o maltrato, y que no obstante lo han superado y ahora tienen una unión íntima y cercana. Una cosa que los mantuvo juntos durante sus tiempos difíciles fue recordar y ser fieles al pacto matrimonial, aunque se sintieron sin esperanza, e incluso cuando no quedaban sentimientos positivos hacia la otra persona. El pacto mantuvo las cosas juntas mientras ellos trabajaban en su crecimiento y su sanidad. Finalmente volvieron a surgir sentimientos de amor y esperanza.

- *Las leyes de los organismos gubernamentales.* El mundo tiene leyes, las cuales son regulaciones legales diseñadas para mantener cierta cantidad de orden y justicia. La ley es un compromiso que proporciona protección y seguridad al pueblo gobernado por esa ley. Cuando vivimos sin ley tenemos anarquía y caos, por lo que las personas inocentes resultan perjudicadas.

Gánese la confianza de los demás

Una de las razones más importantes para cumplir promesas difíciles es porque *es la única manera en que los demás aprenden a confiar en nosotros.* Tanto la investigación comercial como la del éxito han apoyado lo que la Biblia afirma con relación a la importancia de la confiabilidad: «El Señor aborrece a los de labios mentirosos, pero se complace en los que actúan con lealtad» (Proverbios 12.22). Nosotros gravitamos de manera natural hacia las personas confiables.

Tengo un amigo cercano, Bob Whiton, que podría ser la persona más confiable que conozco. Lo he conocido por muchos años, y no logro pensar en una ocasión en que dijera que haría algo que no hubiera hecho y en el momento en que aseguró que lo haría. Nuestras familias han sido cercanas, e incluso han hecho negocios, por lo que han tenido gran cantidad de interacciones de muchas clases.

Se trata de un hombre que llega temprano a las citas de almuerzos y que a tiempo me ofrece por correo electrónico la información que necesito. Ha estado con nuestra familia cuando los niños se han enfermado. Él es completamente íntegro.

He aquí lo mucho que confío en Bob: Cuando como paciente nuevo voy al consultorio de un médico, y los formularios que lleno piden un contacto de emergencia además de mi esposa, escribo el nombre y el teléfono celular de mi amigo. He hecho eso por muchos años. Piense en lo que eso significa. Si algo catastrófico sucede, él recibe la llamada. Y sé que dejará lo que esté haciendo, conducirá hasta el hospital, se contactará con mi familia, o hará cualquier cosa que sea necesaria, por difícil o inconveniente que sea. Hasta podría ponerse en peligro él mismo.

He aquí otro aspecto importante de la confiabilidad: *Bob y yo nos vemos personalmente solo una o dos veces al año.* Ya no tenemos negocios juntos y nuestras familias viven en sitios diferentes. Pero mi convicción de que él es la persona «indicada» no ha cambiado en lo más mínimo.

¿Quién es el Bob de usted? ¿Tiene uno? Piense en ello, porque necesita uno. Igual de importante: ¿Es *usted* un Bob? Yo no, al menos no al nivel de Bob. No soy tan olímpico en mi confiabilidad como me gustaría serlo. Sin embargo, estoy trabajando en eso porque tengo un buen modelo que ha dado grandes frutos en mi vida en cuanto a seguridad, prudencia y confianza.

Las dos clases de confianza

Hay dos grandes tipos de confianza que existen en nuestras relaciones con los demás, y suceden grandes cosas cuando nuestro comportamiento se vuelve confiable en esas dos clases de confianza. A medida que lea las descripciones que siguen, pregúntese en cuál de los dos tipos tiene que esforzarse más. Aquella es en la que debería trabajar primero. Al final del capítulo le sugeriré las habilidades que le ayudarán.

Confianza funcional

Esta clase de confianza se equipara con seriedad y fiabilidad. Usted hace todo lo posible por no defraudar a otros en alguna tarea, comportamiento o asignación, porque sabe que es importante. He aquí algunos ejemplos:

- Usted recibe informes en su equipo de trabajo antes de estar listos, a fin de evitar congestiones de tráfico; la gente no se «paraliza» por su culpa.

- Usted llega a almuerzos y cafés algunos minutos antes. Uno de mis profesores me dijo: «Es casi imposible estar a tiempo. Por tanto tus opciones son llegar un poco temprano o un poco tarde». Sea el primero en llegar.

- Cuando le promete a alguien que estará en una función, no cancele en el último momento debido a que apareció una opción mejor. Preséntese.

- Cuando usted pide dinero prestado a un amigo, no haga que él tenga que hostigarlo para que se lo devuelva. Sea quien emite el cheque a tiempo, incluso antes de que se lo pidan.

En las empresas que asesoro he visto individuos que tienen un enorme talento y gran personalidad, pero que les falta fiabilidad funcional. Y han perdido todo a causa de ello. Las empresas y las organizaciones requieren absolutamente esta característica.

Confianza relacional

Se trata de la confianza que viene de ser una persona segura cuando alguien es vulnerable con usted. Un individuo relacionalmente confiable puede oír que sus amigos se abren y son sinceros acerca de lo que llamo las «cinco grandes»:

- *Equivocaciones*: «En nuestro almuerzo hablé solamente de mí, cuando eras tú quien necesitaba ayuda».

- *Luchas*: «No siento que esté siendo un buen padre para Amelia».

- *Debilidades*: «Se me hace difícil decirles no a otros».

- *Necesidades*: «Necesito que me oigas hablar respecto a mi matrimonio».

- *Emociones vulnerables*: «Me siento abrumado». (O ansioso, triste o avergonzado).

Las cinco grandes son difíciles de adjudicar a alguien, aunque todos sentimos cada una de ellas en un momento u otro. Nos avergüenzan; nos sentimos como mercancías dañadas. No queremos ser muy demandantes ni deseamos ser juzgados.

Por tanto, piense en lo que alguien le está diciendo acerca de su relación cuando se sienta y habla con franqueza respecto a una de las cinco grandes. Esa persona le está expresando algo importante, algo como: «Confío en ti».

¿Qué se supone que usted debe hacer con este nivel de confianza que alguien le está mostrando? Si usted escucha la creencia de que lo merece todo, hará lo siguiente:

- *Tomárselo para sí mismo*: «¿Crees que eso es algo malo? ¡Yo reprobé todas las materias en tercer grado!».

- *Dar consejo prematuro*: «Sé que tu papá está realmente enfermo, pero debes ser fuerte y seguir adelante».

- *Tomarlo a la ligera*: «Además de eso, señora Lincoln, ¿cómo estuvo la obra?».

- *Llevar la cuenta*: Ahh. Ella admitió en la reunión de ventas que se equivocó. Yo puedo usar eso más adelante.

Estas respuestas «superficiales» son fáciles. Cualquiera puede hacerlas. Pero profundizar no es fácil. Es inconveniente. Nos enfrenta con nuestras propias heridas, equivocaciones y luchas. Es confuso. Pero también es lo que hace posible tanto el éxito como las grandes relaciones.

Considere los comportamientos clave de una persona relacionalmente confiable, del tipo que usted desea ser:

- *Enfrenta la lucha, no se aleja de ella*: «No tenía idea de que estabas tan molesto. Cuéntame más».

- *Se sale del camino*: «Por supuesto que puedo ir a verte. Parece urgente».

- *Deja que sus amigos expresen sus sentimientos, aconseja solo después de habérselo ganado al escuchar*: «Lamento oír que te peleaste con tu marido. Debes sentirte horrible». Luego, cuando se haya ganado el derecho de ofrecer consejo, usted podría manifestar: «Tal vez quieras hacerle saber, sin ser vengativa, que este comportamiento tiene que parar y que los dos deben ver a un consejero».

Todos debemos ser funcional y relacionalmente confiables en cuanto a relaciones, matrimonio, negocios, crianza de hijos, amistad, conquistas sentimentales e iglesia. La vida simplemente funciona mejor de ese modo. Por tanto, esforcémonos. Si participamos en algún nivel de liderazgo en una organización, una referencia similar para los dos tipos de confianza pueden encontrarse en el éxito de librería del *New York Times, The Five Dysfunctions of a Team*, de Patrick Lencioni,[9] uno de los principales consultores empresariales y líderes de opinión del mundo. Él explica su punto de vista acerca de estos tipos de confianza desde una perspectiva de formación de equipos. Me parecen útiles las ideas que expone.

Saque los obstáculos del camino

De todos los asuntos relativos al merecimiento con que trato en la gente, el problema de incumplir promesas parece generar la mayor cantidad de excusas y justificaciones. Creo que eso se debe a que se trata de un patrón de comportamiento que es evidente y fácilmente observable. Quienes están afectados por el rompimiento constante de compromisos (inoportunos o no) por parte del individuo que cree merecerlo todo, a menudo lo confrontan a este respecto. Pero en lugar de cambiar, la persona que cree merecerlo todo tenderá a excusar el problema. He aquí algunos ejemplos de las razones que tienen las personas con problemas en cumplir compromisos y de las razones en que se excusan para hacerlo.

Hacer compromisos para los que no tenemos recursos

Cuando nos importan las personas, queremos que sean felices. Si tendemos a ser individuos complacientes podríamos estar impulsados por el temor a defraudar o desilusionar a otros. Cualquiera de estos motivos puede inclinarnos fácilmente a prometer firmar un cheque que nuestras acciones no pueden hacer efectivo. Así que luchamos por mantener a todos felices, pero no tenemos condiciones para hacer un gran trabajo o para llegar a tiempo, y al final todo se desmorona o en el mejor de los casos resulta mediocre. La consecuencia es que las personas terminan desilusionándose y siendo infelices, justo el efecto opuesto que deseábamos, pero aun así, todo es provocado por nuestra incapacidad para cumplir nuestras promesas.

Trabajé con un ejecutivo que tenía este mismo problema. Quería que lo vieran como un tipo seguro de sí, pero se la pasaba defraudando y frustrando a los demás porque exageraba los compromisos referentes a proyectos, decisiones y reuniones. No sabía cómo solucionar esa condición.

—Necesitas dos herramientas sencillas que te ayudarán, que deberían solucionar gran parte de este problema de exagerar compromisos —le dije finalmente—. La primera es lo que llamo «el retraso de cinco segundos». Cuando te pidan ir a almorzar, a una reunión o a un compromiso de alguna clase, debes esperar cinco segundos antes de contestar. No puedes decir sí o no hasta que hayas esperado al menos cinco segundos; de este modo puedes realmente pensar si puedes cumplir con lo que te piden. Debes comprometer tu cerebro y revisar tu calendario antes de comprometerte. Al principio esta será una costumbre incómoda para ti. ¡Eres el tipo de personas complacientes que he visto que dicen sí a peticiones de tiempo, incluso antes de que terminen de hacértelas! Pero nadie se molestará con esto. Tan solo haz como si estuvieras pensando, o di «este...», de tal modo que la persona que está haciendo la petición no se sienta incómoda.

—No me gusta mucho la idea —contestó—, pero está bien. ¿Cuál es la segunda?

—La segunda herramienta es decir: «No sé». No tienes que decir sí o no a alguien que te pide tiempo y atención. Eres libre de expresar que no lo sabes, en especial si no lo sabes. Los ejecutivos sienten a menudo la exigencia de dar una respuesta inmediata, y eso en realidad hace más dependientes a sus subordinados directos. Las palabras «no sé» transmiten en primer lugar, que eres sincero; en segundo lugar, que cuando tengas una respuesta será una en la que has meditado a fondo; y en tercer lugar, que confías en que la otra persona puede manejar la ambigüedad y que no requiere una respuesta clara. Y si eres una estrella de rock, cuando alguien te pregunte: «¿Cuándo lo sabrás?», puedes responder: «No lo sé. Pero te lo haré saber tan pronto pueda».

Mi cliente encontró estas dos herramientas difíciles y poco naturales, al menos al principio. Le destrozaban su deseo de mantener felices a los demás. No le gustaba frustrarlos. Pero después de unas cuantas experiencias las herramientas dieron mejores resultados, por lo que comenzaron a suceder las cosas buenas. A su gente le gustó que cuando él decía sí, en realidad es lo que quería decir. Y empezaron a confiar en él, porque su comportamiento respaldaba los cheques que su boca firmaba. Salomón lo expresó de este modo: «Vale más no hacer votos que hacerlos y no cumplirlos» (Eclesiastés 5.5).

Si usted tiende a estar en fiestas o reuniones hasta muy tarde y, por tanto, para el día siguiente no está tan listo como le gustaría estar, también tenderá a no tener los recursos de sueño y energía. He aquí algo que he aprendido que funciona. Como animal social tiendo a permanecer hasta tarde con amigos, por lo que tuve que idear una táctica mejor. Ahora salgo cuando casi la mitad de las personas se han ido. No siento la compulsión de despedirme de cada persona, como solía hacer. Me despido de los anfitriones, sonrío y salgo sin ningún problema. Nadie me ha dicho alguna vez que haya sentido como si yo lo hubiera abandonado, porque no lo he hecho. Y aunque parte de mí quisiera quedarse, usando esta estrategia encuentro que me siento satisfecho con la diversión y el tiempo de relación que tuve, y me acuesto temprano. Una táctica pequeña, tal vez, pero ayuda.

No querer ser percibido como alguien rígido

Nadie quiere ser percibido como obsesivo-compulsivo, o perfeccionista en cuanto a reglas como estar a tiempo y pagar deudas. Esto parece timorato, ansioso y débil. El individuo que cronometra en un equipo en una junta, o en un estudio bíblico a menudo le da más importancia a la puntualidad que a las relaciones. Suelen etiquetarlo como el «padre» o como el «monitor de la clase». ¿Quién quiere eso? Como resultado, las personas no le dan demasiada importancia a cumplir promesas. Les parece mejor estar un poco más calmadas.

Por supuesto que no hay nada malo en estar quietos; todos lo necesitamos. No obstante, la idea detrás de este obstáculo es lo que se llama juego que no aporta nada. Se trata de la actitud de que cuando una parte crece, la otra decrece. Por ejemplo, si aumentamos el tiempo de holgazanear tenemos que disminuir el de hacer ejercicio. Esa es simplemente la física del asunto. Pero ser altamente relacional, incluso relajado, y cumplir promesas y compromisos no entran en conflicto entre sí. Es más, coexisten muy bien.

Un amigo mío trata muy bien con esto. Como alguien triunfador, amigable y divertido, se mueve por la vida sin ningún esfuerzo. Es una persona sociable. He estado con él en muchos eventos sociales y de negocios, y se relaciona, se divierte, escucha, y es interesante. Nadie lo veía como alguien rígido, de forma que todos quieren estar con él.

Nunca he estado en una reunión con mi amigo en que no llegara temprano ni estuviera preparado. Siempre está dispuesto a ir y lograr que las cosas se hagan. Su secreto es que *planifica por adelantado en privado, así que parece relajado en público.* Él pasa una gran parte de su horario de oficina programando y considerando viajes (e incluso posibles problemas de tráfico), por lo que nunca siente que tiene prisa.

Esta es la respuesta al obstáculo que dice que «No quiero parecer tan rígido». *No* sea rígido. Haga promesas, pero cuando las haga, planifique el tiempo y la energía que necesita para cumplirlas.

Creer que las personas entenderán

Algunos individuos no trabajan duro ni cumplen sus compromisos porque creen que deben ser juzgados con indulgencia. Este sistema de creencia afirma:

- Soy buena persona y tengo buenas intenciones.

- Doy lo mejor de mí.

- La gente verá que lo estoy intentando.

- Les doy a las personas una oportunidad, por eso ellas deberían hacer lo mismo conmigo.

Esto es comprensible. Debemos ser comprensivos y reconocer que los demás tienen corazones buenos y se están esforzando. Pero en el núcleo de este sistema de creencias hay una suposición más siniestra y poco saludable: *Merezco ser juzgado por mis intenciones y no por mis acciones.* Esto se convierte rápidamente en una exigencia de que nadie puede hacerme responsable por el fruto de mis comportamientos. Se trata de la exigencia de derechos y privilegios que habla una vez más, lo cual es malo para todos.

Una mañana mientras me hallaba en un viaje de negocios, envié un mensaje de texto a mi esposa en que le pedía que llevara mis lentes de sol desde casa hasta un evento al que asistiríamos después que mi vuelo aterrizara. «Por supuesto», manifestó ella. Luego uno de mis hijos me envió un mensaje de texto: «Le enviaste un mensaje a mamá y le pediste un favor, y ni siquiera mencionaste que es su cumpleaños». Sintiéndome terrible, agradecí a mi hijo por avisarme y fui a reparar el daño. Yo había olvidado el día especial de ella. Había comprometido en demasía mi tiempo, y confieso que estaba pensando más en tareas, vuelos y lentes de sol que en el cumpleaños de mi esposa.

La llamé, le dije cuánto lo sentía, no le ofrecí excusas, y ella amablemente me perdonó. Pero cómo cree que esa conversación pudo haber resultado si yo hubiera dicho: «¡Sabes lo duro que trabajo para todos nosotros! Eres una persona comprensiva y sabes lo apretada que es mi agenda. Sin duda estarás de acuerdo con esto». Las cosas no habrían salido muy bien.

Olvídese de la exigencia de ser juzgado con indulgencia. En lugar de eso, al considerar que no ha cumplido algún compromiso, recuérdese: *Si se sienten molestos conmigo al respecto, no es culpa de ellos. Yo los defraudé, y tengo que lidiar con los resultados de mi decisión.* Este recordatorio basado en la realidad le ayudará a enfocarse y cumplir con sus compromisos.

Resultado final: Amor comprensivo

En última instancia, la determinación de cumplir compromisos incómodos se reduce al amor comprensivo hacia otros. Si nos preocupamos por los demás, nos preocupa cómo los afecta nuestra conducta. Cuando somos confiables y sensibles, ellos trabajan mejor, se sienten mejor y sus vidas mejoran. Cuando los defraudamos al no cumplir nuestros compromisos, *incluso cuando no tenemos la intención de cumplirlos,* las vidas de las personas que nos importan se alteran de alguna manera.

Mi falta al olvidar el cumpleaños de mi esposa la entristeció. No se trató de que yo cumpliera una obligación para poder chequear la lista del «buen esposo». Fue mucho más profundo que eso y me sentí con el corazón destrozado porque había hecho que ella se sintiera triste. Eso es amor comprensivo. Y es lo que Jesús enseñó en su Regla de Oro: «En todo traten ustedes a los demás tal y como quieren que ellos los traten a ustedes. De hecho, esto es la ley y los profetas» (Mateo 7.12). Tratemos a los demás como queremos ser tratados.

Este no es un mensaje de culpa y espero que usted no lo tome de ese modo. Al contrario, es un recordatorio acerca de las consecuencias. Todos afectamos a las personas que amamos, para bien o para mal. Si no las afectamos, no les importamos, o no nos importan. Se trata simplemente de la realidad. Así que pensemos en cómo afectan nuestros comportamientos a nuestra familia, nuestros amigos y nuestras relaciones laborales. Tales pensamientos nos ayudarán a hacer y cumplir los compromisos adecuados.

Desarrollo de habilidades

1. **Piense en cuánto le importan dos seres queridos en su ámbito personal y dos compañeros de trabajo.** Puesto que le importan, usted desea que tengan buenas vidas y que sean felices. Luego escriba cómo cree que se deban sentir cuando los defrauda. Podrían sentirse desanimados, solos o simplemente frustrados. Usted no quiere afectar de manera negativa a sus seres queridos, por lo que escribir esta información le ayudará a estar consciente de lo importantes que son para usted.

2. **Escriba tres aspectos en los cuales siente que continuamente se defrauda a sí mismo y defrauda a otros.** Podría incluir llegar tarde, cambiar abruptamente de planes, o no estar disponible para alguien cuando lo necesitan. No sienta culpa ni vergüenza por eso, ese no es el propósito del ejercicio. Tan solo preste atención e imagine por qué sucede eso. Es probable que se deba a uno de los tres obstáculos enumerados en este capítulo. Comience a tratar con esa tendencia cada semana.

3. **Pídale a un amigo prudente que le ayude a aumentar su éxito en este ámbito.** Si usted llega tarde el sesenta por ciento de las veces, en los próximos treinta días podrá bajar fácilmente a veinte por ciento con solo estar en contacto con una persona que le ayudará a permanecer consciente de ello.

CAPÍTULO 11

RESPETO AL FUTURO

MI HIJO RICKY TIENE POCO más de veinte años y ya empezó a trabajar. Me hallaba cenando con él en la ciudad donde ahora vive y labora, y le hablé de este libro. Le pregunté cómo experimenta su generación los problemas del merecimiento absoluto. Él bajó el tenedor y dijo: «Algo con lo que las personas de mi edad tenemos problema es la mentalidad SVUV: "Solo vivimos una vez". Hacemos caso omiso a la realidad del futuro y quedamos atascados en el presente».

Esta tendencia a tener una relación desequilibrada con el tiempo mismo aflige no solo a la generación de este milenio sino en general a la cultura de los que creen merecerlo todo. Las cosas buenas no tienden a ocurrirnos cuando vivimos solo para hoy. Como es obvio, el tiempo es importante (en realidad es fundamental), y debemos entender cómo relacionarnos con él.

¿Cómo se relacionan lo que entendemos —del pasado, el presente y el futuro—, y nuestro enfoque de cada uno, con el éxito en la vida?

- *El pasado*: Lo que ha sucedido antes y que ahora forma parte del disco duro del cerebro. Si nuestra vida ha sido normal, «el pasado» está lleno de recuerdos significativos y valiosos que la hacen más rica y con lecciones que hemos aprendido para volvernos expertos, sabios y exitosos.

- *El presente*: Lo que está ocurriendo en este instante. En este momento, hoy, estamos tomando decisiones valiosas.

- *El futuro*: Lo que está por venir. Aunque solo Dios conoce el futuro, sabemos que es en consideración del futuro que tomamos decisiones acerca de la vida que soñamos y de la que no queremos, y que analizamos lo que se necesita para conseguir la primera y evitar la segunda.

Cuando prestamos atención a los tres períodos, todo sale bien en la vida. Las lecciones del pasado y una expectativa del futuro guían nuestra dirección del presente y nos dicen dónde debemos poner nuestra energía y esfuerzo.

Sin embargo, SVUV se enfoca solo en uno de los períodos, la experiencia de *ahora*. Afirma: «Puesto que la vida es efímera, podemos morir mañana y el futuro es inseguro. Por tanto, tengamos *hoy* las experiencias que valen». ¿Cuáles son las repercusiones de tal actitud?

- ¿Por qué ahorrar para un futuro que quizás nunca llegue?

- Trabajar tiempo extra los fines de semana para el sueño de una carrera a largo plazo podría ser inútil, así que divirtámonos en vez de eso.

- Si usted no está disfrutando su trabajo, simplemente renuncie (ahora mismo, de modo impulsivo, sin pensar o planear, o sin haber conseguido un nuevo empleo) y siga sus instintos.

- Esa relación parece no tener esperanza, así que en lugar de buscar respuestas, conseguir ayuda y tratar soluciones con el tiempo, sálgase mientras pueda y sea feliz.

Nadie debatiría la importancia de vivir en el presente. Dios diseñó la creación para que vivamos y respiremos en el presente. Cuando perdemos la experiencia actual tenemos solo media vida. He trabajado con muchos ejecutivos que, en la segunda mitad de sus vidas, tuvieron profundos remordimientos por haberse enfocado mucho en los objetivos de sus carreras y dejar de estar emocional o físicamente presentes en la crianza de sus hijos, en sus matrimonios, y en la belleza y la emoción de la vida. Afirman que si pudieran hacerlo todo de nuevo, vivirían más aquí y ahora.

Es más, sería justo decir que muchos de esos ejecutivos tienen hijos que han adoptado la actitud SVUV porque de niños vieron las dificultades y el vacío en las vidas de sus padres, y las rechazaron. Un joven me confesó: «Papá ganó muchísimo dinero y tuvo muy poca vida. Yo quiero una vida fabulosa, y si tengo que renunciar a mucho dinero para obtenerla, esa es una decisión fácil».

Pero he aquí el problema, y es enorme: *SVUV solo terminará fallándonos.* Centrarse solo en el presente es algo tan disfuncional como enfocarse solo en el futuro. Pierden tanto el hijo adulto como el padre. No deseo que esto le suceda a usted, por lo que he diseñado este capítulo para ayudarle con relación a la realidad, al poder y al potencial del futuro. ¡Y usted no tiene que perder el presente para lograrlo!

La creencia de que lo merecemos todo y el futuro

El mantra de la creencia de que lo merecemos todo declara en relación con el futuro: *Hagamos caso omiso al futuro y enfoquémonos en la actualidad.* Pero el mantra del camino duro afirma: *Respetemos el futuro y permitámosle que guíe la experiencia de hoy.* ¿Y por qué debemos respetar el futuro? He aquí cuatro razones:

Un día experimentaremos nuestro futuro

Nuestro futuro no está «lejos». Muy pronto no se llamará futuro; será llamado *ahora*. Y lo experimentaremos, lo sentiremos, lo tocaremos y lo probaremos, para bien o para mal.

No hay duda que el futuro llegará, y en lo posible queremos pensar en las cosas que experimentaremos antes que nos alcance.

Piénselo de esta manera. Los niños no tienen la capacidad para entender verdaderamente la influencia del futuro. Toda su neurología y sus emociones son acerca del hoy y el ahora. Una de las funciones de un buen padre es conseguir que los hijos piensen en el futuro. «Si golpeas en la cabeza a tu hermano menor estarás sentado en la mesa de castigo en la cocina». El placer de dominar a un hermano se siente menos atractivo cuando parece probable un futuro sin libertad. Por eso es que los padres deben cumplir sus promesas en cuanto a las consecuencias por ciertos comportamientos. Si sus promesas son solo amenazas vacías, tal vez debido a que usted está cansado, su hijo aprenderá que no tiene que respetar el futuro. Él piensa: *Lo único que debo hacer es acostumbrarme a un padre regañón.* Pero un padre competente impone constantemente el castigo de modo que el niño experimente la consecuencia futura como una realidad del día actual, y por tanto la respeta.

Los adultos también tenemos que respetar el futuro. No somos más a pruebas de fallas que los niños. En negocios, el director general firma contratos en el presente y debe honrarlos en el futuro aunque cambien las circunstancias. Si usted es un adulto joven, será más difícil mantener su cuerpo tonificado a medida que envejece. Así explica Rick Warren: «Yo tenía mi cuerpo en forma, pero se convirtió en un barril».[10]

Bill Hybels afirma que «no tendemos a inclinarnos por comportamientos mejores».[11] Él quiere decir que con el tiempo nuestra energía, nuestros cuerpos y nuestro enfoque pierden vapor. Esa es simplemente la naturaleza de las cosas. Si usted es mayor de treinta y cinco años, mírese en el espejo después de ducharse. Esta verdad será evidente. Ya que no tendemos a inclinarnos por comportamientos mejores, debemos poner a menudo los recursos en dirección norte para ayudar a combatir esta erosión hacia el sur de la vida. Mientras más envejezcamos, más tiempo y esfuerzo debemos dedicar a movernos contra la corriente. El futuro viene como un tren, y experimentaremos o lo que siente al saltar a bordo y tener un gran viaje, o lo que se siente quedarse parado en los rieles sin ninguna parte adonde ir.

Una vida tipo «Día de la marmota» *no funciona*

Profundicemos un poco en su presente, la vida que lleva hoy. Usted podría estar lidiando con dificultades importantes. O quizás esté en el rango aceptable, donde las cosas no son ideales pero son bastante buenas. O tal vez esté disfrutando una vida fantástica.

Nadie quiere que una vida de grandes luchas continúe para siempre. Eso haría sentirse miserable y desesperanza. Y pocas personas se conforman con solo estar «bien» siempre. Esa es solo una vida medio satisfactoria; tarde o temprano los que tienen esa vida despiertan y piensan: *Está decidido. Ya pagué un precio muy grande por ello.*

Ni siquiera conozco a alguien con una vida *fantástica* que desee que todo se quede *para siempre* del modo en que está. Hasta gente con una gran vida quiere crecer, mejorar y cambiar. Y a los más complacientes y satisfechos de sí mismos entre nosotros (como el fariseo en una de las parábolas de Jesús, el hombre que dijo: «Oh Dios, te doy gracias porque no soy como otros hombres» [Lucas 18.11]) no se les ve como elementos positivos.

Una vida que no cambia ni mejora es como la película el *Día de la marmota,* en que el personaje de Bill Murray repite su vida una y otra vez hasta que se vuelve totalmente infeliz. Incluso su éxito se convierte en algo sin sentido.

Por eso es que debemos respetar, considerar y actuar en base a nuestro futuro. Porque si no lo hacemos, nuestro mejor ejemplo posible es el *Día de la marmota,* en que nosotros, nuestras relaciones, nuestra profesión y nuestra vida quedan atascados en un patrón repetitivo; los mismos pensamientos, hábitos, patrones, luchas y actividades. Cuando no pensamos en el presente con relación al futuro quedamos atrapados en un círculo continuo.

Mis hijos tienen amigos que no fueron a la universidad después del colegio, aunque pudieron haberlo hecho. Tampoco encontraron algo significativo para hacer en la ciudad. El resultado es que se volvieron objetos de piedad para sus amigos. A menudo siguen pasando el rato con estudiantes más jóvenes, reviviendo sus «días de gloria» debido a que allí es donde quedaron emocionalmente atascados.

Algunos de mis propios amigos viven en el *Día de la marmota*. No gastan energía en el futuro, como dónde irán de vacaciones el año entrante, o a qué universidad esperan que sus hijos vayan. Me es difícil pasar tiempo con ellos porque no veo mucho potencial para que desarrollen sus talentos, encuentren más pasión, corran riesgos y experimenten transformación en sus vidas. Más bien siento tristeza, desánimo y frustración por ellos.

Algunos de esos amigos han escapado a esta condición al empezar a relacionarse con personas que les atraen la atención a la importancia de sus futuros (quizás hombres y mujeres en una gran iglesia o de un grupo pequeño o movimiento). Y algunos se han salido de ese patrón de ineficiencia porque han enfrentado gran pérdida, tal como un hijo en drogas o un divorcio. Pero demasiados de ellos siguen representando el papel de Bill Murray.

Aunque el pasado es una puerta cerrada, el futuro es una abierta

Respetemos el futuro porque no está acabado y hecho, como sí ocurre con el pasado. Todavía está por decidirse, por lo que existen muchas posibilidades.

Por una parte, no podemos deshacer el pasado. No podemos cambiar nuestras equivocaciones, ganancias y pérdidas. Esa puerta está cerrada. Por otra parte, podemos aprender del pasado, y se puede redimir en nuestro crecimiento y sanidad. Pero no hay algo como «rehacer algo».

No sucede así con el futuro.

Soy un gran creyente en el pensamiento ilimitado. Con mis clientes comerciales hago gran cantidad de reuniones en las que se sugieren ideas sobre cómo «empezar con el ideal» acerca de la empresa, su potencial y lo que podría ser posible. Armo una pizarra y declaro: «Esta es una pizarra en blanco; llénenla en su futuro». Inevitablemente las ideas creativas, innovadoras y emocionantes llenan el espacio. Estamos creados para pensar al respecto y obtener energía de la esperanza que viene de un futuro brillante.

Cuando se produce esta energía catalizadora, independientemente de si estamos hablando de nuestra empresa o nuestra vida personal, está destinada a cambiar nuestro comportamiento actual. Seremos más estratégicos en cuanto a cómo gastamos nuestro tiempo, nuestro dinero y nuestra energía. Seremos más disciplinados en cómo elegir nuestras relaciones. Estaremos impulsados y alimentados por una esperanza de un futuro mucho mejor. Cuando respetamos el futuro aumentamos dramáticamente nuestras oportunidades para obtener uno mejor.

La magia del interés compuesto en el presente crea un gran futuro

Los administradores financieros utilizan la frase «la magia del interés compuesto» para describir un gran beneficio que se acumula al respetar el futuro. Cuando las personas ahorran e invierten bien temprano en la vida, el dinero ahorrado aumenta a un ritmo elevado con el tiempo. Cuando empiezan a ahorrar más tarde no pueden beneficiarse tanto de la magia del interés compuesto. El tiempo está de nuestra parte cuando ahorramos desde temprana edad.

La magia del interés compuesto es una variedad del concepto de siembra y cosecha. Mientras mejor y más temprano invirtamos nuestro tiempo, nuestros talentos y nuestros tesoros, mejor será el resto de nuestras vidas. Matrimonios, familias, carreras, vidas espirituales y cuerpos saludables constituyen todos los resultados de cosechar la «siembra» que se ha hecho temprano. Temprano siempre es mejor.

Una amiga mía que revisaba este manuscrito me contó acerca de una clienta suya cuyo lema era: «Día a día». Esta clienta quería ser libre de la ansiedad y el temor al futuro, y deseaba mantener sencilla la vida. Por tanto, nunca ahorraba, no hacía dieta, no estudiaba la forma de crear y mantener grandes relaciones. Literalmente vivía día a día. Ahora en sus últimos años estaba teniendo grandes dificultades. La jubilación será un problema para ella. Tiene diabetes por sus malos hábitos alimentarios y su caótico estilo de vida. Además, no disfruta relaciones estables.

«Día a día» es en realidad una declaración útil cuando se la usa en contexto. Yo la uso cuando trabajo con los individuos de Alcohólicos Anónimos, que se sienten abrumados por las muchas luchas en sus vidas. Pero debemos equilibrar «día a día» con ser respetuosos del futuro y orientar nuestras decisiones diarias por el modo en que afectarán nuestro futuro.

La charla de los dos usted

Al vivir en el presente debemos recordar que el futuro existe y será tan real como el presente, más pronto de lo que lo esperamos. A veces tales recuerdos vienen en forma de gráficos, cuadros y hojas electrónicas de crecimiento. En ocasiones toman la forma de las personas que nos piden ayuda en algún nivel estructural y regular, a fin de mantenernos trabajando hacia el futuro. Y otras veces nuestro recordatorio puede tratarse de nosotros mismos. Suelo usar y ejercitar lo que llamo «La charla de los dos nosotros».

Debido a que proporciona esperanza y hace sentir bien, es fácil fantasear un futuro poco realista que no tiene relación con la verdad. Por ejemplo, imagínese que ha perdido cincuenta libras en un mes. O que ingresa a Harvard con un gran promedio de calificaciones.

O que se muda a Los Ángeles y se convierte en millonario en dos años. Pero en realidad, esa mentalidad es simplemente tan irrespetuosa del futuro como hacerle caso omiso, y lleva el mismo fruto. Ambas estrategias terminan con el *Día de la marmota*. O peor.

Es más, estudios de resonancia magnética del cerebro han mostrado que pensar acerca del futuro activa diferentes zonas del cerebro que pensar acerca del pasado. Y cuando no relacionamos nuestras realidades actuales con nuestro yo futuro, el «yo futuro parece un extraño».[12] Así el pensamiento fantasioso se convierte en pensamiento esperanzado, el cual entonces, a medida que se difiere una y otra vez, «aflige al corazón» (Proverbios 13.12). El resultado es desánimo y pasividad, lo cual usted no querrá experimentar.

He creado un guión para ayudar a mis ejecutivos a tratar con estas dos cuestiones. Ellos necesitaban ayuda para recordarse a sí mismos a respetar el futuro y a mirarlo de manera realista. El guión ha sido sumamente eficaz. Está enraizado en la imaginación.

Imaginemos una conversación entre el usted actual (el que está leyendo este libro ahora) y el usted futuro, dentro de diez años. Suponga que usted tuviera la oportunidad de oír lo que el usted futuro quisiera que usted supiera. ¿No sería de gran utilidad? ¿Qué le diría su usted futuro a su usted actual? Considere unos pocos ejemplos:

- «Me gustaría que pensaras más en el panorama general de tu visión y tus objetivos. Flotaste sin rumbo de una situación a otra y de día en día, y ahora se va a necesitar mucho más trabajo para lograr que se cumplan algunos sueños».

- «Me alegra que decidieras centrarte más en lo que realmente se trata la vida y que obtuvieras tu título con el fin de que pudieras conseguir un trabajo que se ajustara a tus talentos. Esto ha sido muy determinante en los últimos diez años».

- «Me gustaría que hubieras puesto energía en las relaciones que realmente valían. Dejaste que personas controladoras, críticas o egoístas ocuparan demasiado de tu tiempo, energía y amor. Habría funcionado mucho mejor si hubieras puesto límites en esas relaciones y que en lugar de ellas pudieras invertir en personas de apoyo y positivas. Tu vida sería diferente hoy».

- «Recuerdo cuando dijiste adiós a esas relaciones tóxicas y empezaste a pasar tiempo con personas que no te bajaron el ánimo sino que te apoyaron. No fue fácil y te sentiste mal y culpable... por un tiempo. Luego dio su fruto en tu noviazgo, tu matrimonio y tu carrera».

- «Me gustaría que hubieras pasado noventa por ciento menos tiempo en Facebook y viendo televisión. Te volviste pasivo y sedentario, y perdiste algo de esa gran mente y esa energía creativa que tenías».

- «Fue una excelente decisión que empezaras a hacer ejercicio con regularidad, que redujeras tus redes sociales y la televisión a unos pocos minutos diarios, y que empezaras a ayudar en el banco de alimentos. El mundo y tú mejoraron por eso en los últimos diez años».

- «Me gustaría que hubieras tenido un mejor equilibrio entre el trabajo y el juego. Sentirte bien y pasar buenos momentos asumieron el control, por lo que tu carrera sufrió».

- «Cuando empezaste a reunirte con personas que te ayudaron en tu carrera, te hicieron entrenar, y te llevaron los fines de semana a desarrollar tus habilidades, eso mejoró en gran manera tu futuro. Sigues siendo divertido y tu esfuerzo ha dado sus frutos».

Hago regularmente este ejercicio conmigo mismo. En realidad, me miro en el espejo y digo lo que me viene a la mente mientras imagino el «yo dentro de diez años en el futuro» dando consejo y visión al yo actual. Este ejercicio ha sido muy eficaz para mí en cuanto a respetar mi propio futuro y permanecer conectado a la realidad. No siempre lo disfruto, excepto por las partes en que expreso: «Hola, pusiste atención a lo que era importante, y eso funcionó muy bien, por tanto síguelo haciendo». A menudo es difícil, como cuando oigo al yo futuro diciéndole al yo actual cosas que no quiero oír. Pero hacer cosas en el camino duro ayuda a minimizar mis propios remordimientos, lo cual es importante para mí. Según mencioné en el capítulo 5 sobre motivación, quisiéramos tener los menos remordimientos que podamos. El remordimiento es una de las emociones más dolorosas que podemos sentir.

Enfrentemos con éxito los «sentimientos futuros»

Si nos enfocamos realmente en el futuro, lo cual nos lleva a una acción productiva en el presente, pueden surgir sentimientos con los que debemos tratar para que no nos hagan tropezar.

El sentimiento positivo acerca del futuro es la *expectativa*. La describo como «visualizar la emoción», la que nos ayuda a hacer cosas difíciles para un objetivo futuro. Expectativa es lo que los atletas sienten cuando se aproximan a algún logro notable. Es lo que un ejecutivo siente cuando pone en movimiento un plan estratégico efectivo y ve cómo se desarrolla. Usted sentirá expectativa cuando empieza su visión y su plan (antes de toparse con la realidad), y cuando siente confianza en que su plan funcionará de veras. Cuando usted sienta expectativa, abrácela, hable de ella, escríbala. Usted necesita el combustible que viene de la expectativa. No permita que se deslice en un pensamiento obsesivo como: *Está bien, de vuelta al trabajo, ¿cuál es el siguiente paso?* Eso le roba los beneficios de la expectativa.

Sin embargo, la primera sensación que resulta de pensar acerca del futuro no es positiva: la ansiedad. Cuando sentimos temor de lo que viene, cuando nos sentimos inseguros, cuando sentimos pavor, perdición o una catástrofe en ciernes, nos volvemos ansiosos. La ansiedad es una sensación de gran tensión. Es un tipo de temor. Es la presunción de que algo malo que no podemos controlar va a superarnos. Se trata de una alerta que nos dice que queremos evitar un futuro malo o triste.

Necesitamos cierta cantidad de ansiedad. Nos hace levantarnos en la mañana para no perder el trabajo, nos hace mordernos el labio en lugar de verbalizar lo que realmente queremos decir cuando el sujeto en la autopista nos hace parar en seco, y nos ayuda a poner límites a nuestros hijos cuando nos presionan más allá de la razón. Tales cosas se llaman *ansiedad adaptable,* algo que nos da la ventaja suficiente para mantener algunas barreras de protección en nuestro comportamiento. Es la ansiedad adaptable lo que proporciona esa oleada de adrenalina que nos hace decir no a una tentación presente que desviaría nuestro tiempo y nuestra productividad, sacándonos del juego por el futuro.

Pero hay otro nivel de ansiedad llamado *ansiedad abrumadora,* la cual nos paraliza y nos inmoviliza con temor. Crea el síndrome de «luchar o huir» que nos empuja a comportamientos que no nos ayudan.

Una vez trabajé con un ejecutivo que sentía una ansiedad tan grande en cuanto a reunirse con su junta directiva que apenas podía hablarles de manera coherente. Trabajamos en reducirle la ansiedad desde el nivel abrumador hasta el adaptable. Después de eso se presentaba bien.

He aquí el punto: Cuando empezamos a enfocarnos en respetar el futuro esperemos que venga la ansiedad. Las personas que tratan de evitar a toda costa la ansiedad *tienden a volverse ansiosas respecto a sentirla.* Es como cuando alguien declara: «No piense en un elefante morado». Nuestras mentes tienden a dirigirse hacia lo que es prohibido. No luchemos contra eso o empeorará.

Recordemos: Si pensamos en el futuro de la manera correcta estructuraremos el presente en una forma que produzca algo que podamos esperar en el futuro. El futuro puede ser nuestro amigo, no algo desilusionador: «Porque yo sé muy bien los planes que tengo para ustedes —afirma el Señor—, planes de bienestar y no de calamidad, a fin de darles un futuro y una esperanza» (Jeremías 29.11).

El futuro es verdaderamente nuestro amigo. Y pensar de modo correcto en él nos ayudará en el presente con comportamiento enfocado, buen autocontrol, dirección y, en última instancia, satisfacción. Pongámosle atención. Un presente sin el futuro en mente colocará al SVUV en la adecuada prioridad todo el tiempo.

Desarrollo de habilidades

1. **Líbrese de la actitud que lo mantiene atado al pensamiento SVUV.** Enfrente el fruto negativo en su vida que lo ha llevado (y seguirá llevándolo) a estancarse en el presente. Piense en lo que probablemente cosechará si siembra SVUV. El capítulo «Represente la película» del libro de Henry Cloud *9 Cosas que todo líder debe hacer*[13] puede ayudarle en gran manera durante este proceso.

2. **Sostenga la charla entre su yo presente y su yo futuro: La charla de los dos usted.** Le mostrará perspectivas, ideas y emociones que no creía tener. Ponga por escrito lo que aprendió para que pueda recordarlo y revisarlo más adelante.

3. **Estructure un tiempo intencional para pensar acerca de su futuro.** Durante la próxima semana pase

una hora a solas pensando en sus sueños y propósitos, y escribiéndolos. ¿Qué desea realmente que se haya negado a considerar? Aunque esto parezca inalcanzable, escríbalo. Es mejor tener varias metas imaginativas y marcar las que sean poco realistas que no tener suficientes. Esta puede ser una experiencia realmente agradable y positiva.

4. **Pida a tres personas que le ayuden a dirigir su comportamiento con el futuro en mente.** Cuando usted se desliza dentro del pensamiento que dice que *Esto es lo que necesito y siento hoy, y es lo único que importa,* este equipo de tres personas puede recordarle que usted es mejor que eso, y que necesita un futuro mejor del que proporciona tal mentalidad.

CAPÍTULO 12

EL FACTOR GENTE: COMBUSTIBLE O FRACASO

MIENTRAS ENTRENABA UNO DE MIS equipos de liderazgo en los tipos de relaciones que los líderes de alto rendimiento deben tener, pregunté al grupo: «Cuando ustedes están desanimados, sin combustible o simplemente abatidos, ¿a dónde van para remediar la situación?».

Las respuestas variaron desde: «Trato de vencer la situación y de analizar las causas para idear una buena solución», hasta: «Salgo de la oficina y me pongo a caminar a fin de aclarar la mente», «Hago ejercicio; esto ayuda a mis endorfinas», «Hablo con mi esposa cuando llego a casa».

Varias horas después hice otra pregunta: «¿Qué harían ustedes si se enteraran de que uno de sus empleados clave está desanimado, sin combustible o simplemente abatido?». Tuvieron respuestas rápidas: «Pasaría por su oficina», «Estaría con él para animarlo», y «Eso es parte de mi trabajo y mi misión».

Señalé la desconexión entre sus dos grupos de respuestas. Les dije: «Ustedes no están practicando lo que predican. Estarían presentes con otros que les importan. Sin embargo, ¿por qué descalificarse ustedes mismos en cuanto a recibir la misma ayuda que les brindarían a los demás?». La pregunta llevó a una conversación que resultó en que los ejecutivos empezaran a actuar mejor en cuanto a conseguir también que se satisficieran sus propias necesidades relacionales.

El problema que destacamos ese día reveló un síntoma de una enfermedad que todo ser humano, no solamente los líderes, experimentan: la tendencia a no cumplir por autosuficiencia.

La autosuficiencia, según se describió en el capítulo 3 sobre «Estructura divina para el camino de vida correcto», es una actitud que se asume a fin de llegar solamente al interior del yo para lo que se necesita, en vez de extenderse hacia el exterior en busca de apoyo relacional. Esto derriba a las personas e incrementa su exigencia de privilegios. El presente capítulo le ayudará a que el individuo dentro de usted, que cree merecerlo todo, se mueva hacia las relaciones correctas productoras de salud.

La relación es un factor decisivo en la curación de una cultura que nos hace creer que lo merecemos todo. Realmente importa. Seamos o no portadores de la enfermedad, nuestras vidas y nuestros destinos están marcados por las compañías que tengamos. Las relaciones hacen una enorme diferencia. La manera en que nos relacionamos con otros no cambia el camino duro en un camino fácil. Simplemente hace que el Camino duro funcione como debería.

Somos una especie relacionalmente impulsada. La relación es una de las fuentes principales de todo lo que necesitamos para hacer que la vida opere. Las relaciones no solo son un acelerador de nuestro éxito, son esenciales para nuestra propia sobrevivencia. A lo largo de las etapas de la vida, aquellas personas que permitimos en nuestro círculo y las que decidimos que se queden fuera afectarán tanto lo que queremos y necesitamos de la vida como la manera en que tendremos éxito al lograrlo.

Las personas alimentan la energía, el positivismo, la resistencia y la creatividad. Pueden ayudarnos a convertirnos en individuos que nunca soñamos que podríamos ser. Pueden influir en nuestra capacidad de alcanzar nuestro potencial y en encontrar salud, éxito y significado en la vida. Esta influencia puede ser positiva o negativa. La espada relacional corta en ambos sentidos.

Creer que lo merecemos todo aleja a las personas, al menos a las saludables. Es difícil permanecer vinculados con alguien que cree merecerlo todo. Por eso es que muchos individuos con esta enfermedad tienen grandes luchas relacionales o tienden a escoger infaliblemente a las personas equivocadas con las cuales relacionarse.

La mentalidad del camino duro entiende una realidad esencial: *Necesito personas que me aviven y también debo avivarlas*. Nunca perderemos nuestra necesidad de las cosas buenas que traen las relaciones. Y nunca seremos más felices que cuando damos combustible a los demás. Eso se debe a que somos parte de una tarea mucho más grande: Participamos en el crecimiento del cuerpo de creyentes. «Por su acción todo el cuerpo crece y se edifica en amor, sostenido y ajustado por todos los ligamentos, según la actividad propia de cada miembro» (Efesios 4.16). Nos sostenemos unos a otros y somos sostenidos unos por otros. Nuestra dependencia mutua nos mantiene avivados y listos para participar de la vida.

La malsana dependencia de creer merecerlo todo

Creer que lo merecemos todo también crea dependencia de otros, pero en maneras poco saludables. Los individuos con esta condición necesitan a otros para mantener funcionando correctamente sus decisiones, su estabilidad e incluso sus finanzas... *pero sin tener que interrumpir su egocentrismo*. A veces esto es difícil de ver, ya que muchas personas con esa actitud pretenciosa se perciben como seres independientes, libres y que no tienen necesidad de alguien más. Admitir otra cosa iría en contra de su propia imagen de grandiosidad. Es algo así como el adolescente que dice a sus padres: «¡No los necesito para nada! Estoy muy bien sin ustedes. Y, a propósito, ¿pueden darme mi mesada?». Aquellos que padecen la enfermedad de creer que lo merecen todo son esencialmente personas dependientes, se den cuenta de ello o no.

¿Por qué esa fuerte dependencia? Porque el individuo que cree merecerlo todo *requiere ayuda para alejarse de la realidad*. La consecuencia de creer que lo merecemos todo es contraria a la vida, al menos a la que Dios quiere para nosotros, la cual está llena de amor, consideración, empatía y diligencia. De ahí que *los principios de vida del individuo que cree que lo merece todo obren contra los principios de vida de Dios.* Y puesto que esa persona está cegada por su propia opinión, es incapaz de ver que el universo que lo rodea, al haber sido creado por Dios, funciona de acuerdo a principios divinos. Este individuo es como si estuviera en un bote de remos tratando de remar contra la corriente en un río desbordado; podrá poner mucho esfuerzo en dicha tarea, pero fracasará. Por eso de manera consciente o inconsciente el individuo que cree merecerlo todo trata de relacionarse con personas que en primer lugar le ayuden a evitar las desagradables verdades acerca de sus vidas, y en segundo lugar a hacer que sus vidas disfuncionales sean menos propensas a fracasar por completo.

Si usted ha leído alguno de los libros que he escrito con Henry Cloud sobre límites,[14] recordará que cuando no establecemos buenos límites con los demás corremos el riesgo de impedirles a esas personas que vivan las experiencias que deben, las cuales les ayudarían a adueñarse de su propio comportamiento. Por eso es que una de las primeras preguntas que hago al líder cuando trabajo con una empresa o con una familia es: «¿Cómo está usted activando esta actitud?». En otras palabras, veamos si tal vez sin saberlo usted es parte del problema al estar rescatando de las consecuencias de la conducta negativa a la persona que cree merecerlo todo.

He aquí los tres tipos de relaciones de las cuales el individuo que cree merecerlo todo tiende a depender, y algunos ejemplos de cambios que pueden ocurrir para bien. Quienes padecen esta enfermedad tienden a buscar personas que les «ayuden» en relación con:

- **Evadir la realidad: renunciar a confrontar al individuo que padece del merecimiento de derechos y privilegios por temor al conflicto o a desanimarlo.** Esto impide que quien padece esa enfermedad oiga cómo afectan su actitud y su conducta tanto a otros como a sí mismo. El individuo que cree merecerlo todo gravita hacia estas personas porque las necesita (y puede contar con ellas) para sentirse afirmado, animado y positivo, sin tener que hacer frente al comportamiento negativo. Tales sujetos se *sienten* seguros y apoyados, pero lejos de sentir seguridad en realidad se les impide que sean conscientes de sus acciones. Cuando trabajo con una empresa que tiene problemas con dicho merecimiento, uno de mis primeros temas de entrenamiento es ayudar a que el liderazgo aprenda las habilidades y a tener el valor para crear una cultura de apoyo *y franqueza,* no simplemente de apoyo.

- **Consentir: excusar la conducta del sujeto que exige derechos y privilegios para no hacerlo sentir mal o porque no lo vemos como alguien maduro y responsable que sea capaz de tomar decisiones correctas.** Esto impide que el individuo enfermo experimente las consecuencias naturales de sus decisiones. Los consentidores apoyan económicamente al individuo que cree merecerlo todo cuando lo que realmente necesita es que asuma la responsabilidad de su dinero, de sus deudas y de su estilo de vida. En el trabajo, los consentidores excusan el comportamiento irrespetuoso y la falta de responsabilidad ya sea porque sienten que su alcahuetería es en realidad una expresión apropiada de amor, o porque ven al individuo abusador como una víctima que no tiene más remedio que ser como es, o porque a su vez obtienen una sensación de satisfacción ayudando de esa manera. Trabajé con una familia que tenía una adolescente descontrolada. El momento decisivo vino cuando, después de años de alcahuetearla, la mamá finalmente declaró: «Si ella sigue por este camino va a tener una vida improductiva, a resultar herida o a perjudicar a alguien más». Después de obtener esa perspectiva, por fin la madre encontró la fortaleza para ayudar realmente a su hija.

- **Modelar mal: vivir ellos mismos una vida de exigencia de derechos y privilegios a fin de que el individuo que cree merecerlo todo que los busca vea la vida del mismo modo, sin encontrar nada malo en la improductividad o en lo destructivo de tal comportamiento.** La persona que cree merecerlo todo halla amigos que apoyan su negación de responsabilidad así como su ínfula de ser especial. Quien cree que merece todo tiende a ver a otros que no son parte de ese estilo de vida como controladores, intolerantes y críticos; siente que tales personas «no lo entienden». Esto incluye a empleados, padres, cónyuges y otras amistades. Amigos que tienen en común tal sensación se apoyan entre sí para eliminar voces más útiles y sinceras. Trabajé con un ejecutivo talentoso pero que creía merecerlo todo, y quien estaba a punto de perder su trabajo. Finalmente se dio cuenta de que sus amigos «de apoyo» solo estaban manteniéndolo atado a un estilo de vida problemático. El hombre hizo espacio en su vida para otros amigos, quienes igualmente le ofrecían apoyo emocional pero que también le daban buena retroalimentación (del tipo directo, sin tapujos, como: «Me preocupa que si no cambias vayas a perder a tu esposa y a tus hijos»). El sujeto comenzó a cambiar.

Mi planteamiento es simple: Quienes creen merecerlo todo son como cualquier otra persona. Por diseño son seres que buscan relacionarse. El problema es que tienden a preferir relacionarse con individuos que les ayuden a conservar su perspectiva abusiva, lo cual constituye una dificultad. Pero la buena noticia es esta: *Esa misma necesidad puede ayudarles a encontrar los elementos correctos de crecimiento.* He aquí cómo.

Relacionándose con ellos en mejores maneras

En primer lugar, asegúrese de no formar parte de uno de los tres grupos mencionados: aquellos que evitan confrontar, los que alcahuetean y quienes modelan la exigencia de derechos manteniendo en marcha los patrones errados. Aunque usted tema que la persona abusadora vaya a reaccionar de manera negativa, dígale la verdad relativa a cómo afecta esta conducta. Ámela, pero permítale que experimente las consecuencias naturales, a pesar de que eso sea difícil. Viva usted mismo el camino duro, y aléjese hasta donde sea posible de los patrones de conducta y de las actitudes que creen merecerlo todo. En otras palabras, no sea un agente que agrande el problema. Sea una fuerza relacional que ayude a resolverlo.

Uno de los ejemplos más poderosos de esto no se da cuando una nueva relación trata en mejores maneras con la persona que cree merecerlo todo, sino cuando una relación continua cambia las reglas. He visto padres, empleados y amigos que ayudan a operar transformaciones dramáticas en individuos con quienes han estado relacionados por mucho tiempo. Esto es muy eficaz porque el apego ya está en su lugar. Es como si un compañero de baile de toda la vida comienza de repente a hacer movimientos diferentes. El cambio se siente inquietante e incómodo, pero lleva a que los integrantes sean más receptivos a la innovación. Los antiguos patrones de baile ya no funcionan muy bien.

Me hallaba trabajando con un matrimonio en el que la esposa tenía unas ínfulas tan arraigadas de superioridad que hacía de los desacuerdos una experiencia horrible. Cuando su esposo expresaba una opinión diferente a la suya sobre la crianza de los hijos, los gastos o la comunicación, o cuando la confrontaba acerca de algo que le molestaba, ella montaba en cólera. La mujer gritaba y lo maltrataba verbalmente. Debido a que su creencia de merecerlo todo la hacía pensar que no la podían confrontar ni estar en desacuerdo con ella, las discrepancias de él la ofendían y la hacían enfurecer.

Debido a que el esposo odiaba las discusiones y quería «mantener la paz» en la familia, evitaba confrontar la conducta de ella y también le alcahueteaba dicho comportamiento. El hombre inventaba excusas para esa conducta, tales como: «Ella está bajo mucho estrés». No es de extrañar que el problema no consiguiera mejorar en absoluto.

Cuando me reuní con el esposo, simplemente le dije: «Usted es tanto el problema principal y más importante como la solución primordial para su esposa». Le expliqué las maneras nuevas y diferentes en que debía relacionarse con ella. Declaré: «Usted le importa a su esposa. No puede arreglarla, pero sí puede estar con ella en formas que hagan que esa actitud de creer merecerlo todo sea menos eficaz para ella y la obliguen a actuar con más responsabilidad».

Eso fue lo primero que hice que el esposo comenzara a hacer: simplemente que saliera de la habitación cuando ella comenzara a gritarle. La mujer esperaba que él se quedara allí e intentara calmarla porque es lo que siempre había hecho. Cuando en lugar de eso él comenzó a decirle: «Si no hablas de manera respetuosa, tendré que salir de la habitación» (y hacerlo de veras), el asunto se hizo menos divertido para ella. ¿Quién quiere hacer un berrinche en un cuarto vacío? Eso la trastornó y la confundió, y a su vez comenzó a frenar su conducta porque ya no le estaba funcionando.

Las mejores maneras de relacionarse

Además de estas tres acciones «negativas» para evitar los tres patrones de comportamiento, he aquí dos maneras útiles y saludables de relacionarse con los individuos que han escogido el camino fácil.

- **Estemos realmente «con» ellos. ¡Quienes tienen** la mala actitud de creer merecerlo todo necesitan ayuda! Aunque nos enloquezcan, nos frustren y nos hagan sentir impotentes, aún requieren los elementos de gracia, atención y amor. La necesidad de los fundamentos simplemente no cambia. Un diabético con una mala actitud sigue necesitando su insulina y un individuo egoísta con un brazo roto aún necesita un entablillado. Es fácil descartar a una persona con malas actitudes. Pero antes de hacerlo, recordemos que todos hemos fallado y necesitamos una segunda y hasta una tercera oportunidad: «De su plenitud todos hemos recibido gracia sobre gracia» (Juan 1.16). Esto nos ayudará a tener misericordia y a identificarnos con la persona, evitando que seamos críticos o renunciemos demasiado pronto.

- **Seamos claros acerca de lo que necesitamos y lo que esperamos de ellos.** La creencia de que se merecen todo a menudo hace que los individuos que padecen esta condición no escuchen bien los requerimientos ni las necesidades y expectativas de los demás. Puesto que tales aspectos no apoyan los puntos de vista que tienen de sí mismos, como seres especiales que están por sobre las reglas, tienden a desestimarlos. Haga todo lo posible por derrotar esa actitud desdeñosa siendo muy claro en lo que usted desea de ellos:

Espero que cumplas con tus metas semanales de trabajo.

Necesito que nos pagues alquiler mientras estés viviendo con nosotros.

Cuando charlemos deseo que me preguntes cómo me está yendo y me oigas hablar acerca de mi día.

Espero que hagas más de lo necesario si quieres recibir un ascenso.

La claridad requiere que no supongamos nada en nuestra relación con nuestra persona que cree merecerlo todo. Es mejor ser demasiado claros antes que tener conversaciones sin ningún sentido acerca de «¿Cómo iba yo a saber eso?». Ayudamos y nos ayudamos siendo francos.

Apoyemos mejores opciones relacionales

No somos suficientes. Por importantes que seamos para la persona que cree merecerlo todo, esta necesita más que los elementos de salud y crecimiento que podemos proporcionarle. No podemos ser su único recurso vital y sistema de apoyo. No tenemos todo el amor, la empatía, el apoyo, la sabiduría, ni las fuerzas que esa persona necesita. Eso no está dentro de usted. El plan de Dios siempre ha sido respecto de la comunidad: «Ustedes deben amarse los unos a los otros» (Juan 13.34).

Es por eso que mientras más podamos ayudar a que nuestro individuo que cree merecerlo todo se relacione con buenos «unos a los otros», mejor será el resultado. Cuando yo estaba dirigiendo un programa de un hospital psiquiátrico, uno de los factores principales que determinaban el éxito o fracaso al dar de alta a los pacientes era si estos regresaban a los antiguos sistemas sociales que habían apoyado su disfunción, o si en vez de eso encontraban relaciones nuevas y sanas. He descubierto que lo mismo sucede también con líderes y ejecutivos. Aquellos que empiezan a podar sus relaciones perjudiciales, y que en lugar de eso encuentran otras amistades nuevas y mejores, también rinden en niveles más altos en sus organizaciones. *Tendemos a funcionar en el nivel de salud de quienes nos rodean.* Es difícil para nuestros cuerpos rendir bien cuando no comemos los alimentos adecuados, o cuando comemos demasiado de los perjudiciales. Lo mismo es cierto con la salud mental. He aquí algunas maneras en que podemos ayudar:

- **Encontrar salud.** Busquemos amigos, iglesias, consejeros y guías que estén llenos de gracia y verdad, y que puedan ser un recurso para nuestra gente que cree merecerlo todo. La persona con esta enfermedad tiende a tener mal juicio en cuanto a quiénes dejar entrar a sus vidas. Así que investiguemos un poco. Encontremos en nuestra región una iglesia sana que tenga grupos fuertes de parejas, grupos de crecimiento personal, directores espirituales, pastores preparados, grupos de rehabilitación, y remisiones a buenos terapeutas. El departamento de recursos humanos de nuestra empresa también podría contar con muchos medios para ayudar. Podría tener entrenamiento especializado en la exigencia de privilegios y derechos, pero si no es así, simplemente el hecho de alentar la salud es un gran paso. Encontremos dónde están los mejores recursos relacionales en nuestra zona. En mi opinión, ofrecer esta clase de ayuda a su amigo o colega con el problema del merecimiento no es ser codependiente o encubridor. Se trata de que los ayudemos, de hacer algo por ellos que no pueden hacer bien por sí mismos. A propósito, me he vuelto un gran fanático de las relaciones de crecimiento por vía telefónica o mediante videoconferencia. Estos medios pueden ser eficaces tanto para dar instrucción como consejería. Por ejemplo, si tengo que elegir entre un instructor local adecuado y uno de la lista de los que están fuera de la zona, y solo disponible por teléfono, siempre elijo la ayuda de mejor calidad.

- **Ser vulnerables en cuanto a los «por qué».** Hagámosle saber a nuestra persona enferma que deseamos que aprenda a crear nuevas relaciones, no para cambiarla ni arreglarla, sino porque la amamos y queremos lo mejor para ella. Es ser vulnerables decirle que estamos preocupados y que nos interesa. Si en lugar de eso le decimos que queremos que mejore (a menos que se trate de una relación empleador empleado), daremos la impresión de ser paternales y superiores, y probablemente provocaremos resistencia.

- **Sumar antes que restar.** Es tentador decirle a quien cree merecerlo todo que abandone todas las personas «equivocadas» que le rodean. Hemos visto cómo estas lo desmoralizan o cómo fortalecen el egocentrismo en el individuo. Pero no procedamos así. A quien estamos tratando, tiene apegos que son poderosos, aunque no sean saludables. Mucho mejor es animarlo a que se relacione con unas pocas personas que sean las correctas para él; permitámosle que empiece a experimentar una vida más sana y más feliz como resultado de nuevas relaciones. De este modo habrá más posibilidades de que poco a poco abandone con el tiempo los elementos tóxicos, pues estos han sido reemplazados.

Pensemos en lo importantes que han sido las relaciones en nuestra propia vida. Nos han ayudado a elegir el sendero que hemos escogido. Es posible incluso que nos hayan ayudado a despojarnos de algo referente a nuestra propia exigencia de derechos y privilegios. Las relaciones (las correctas) serán determinantes en la vida de nuestra persona que padece esta condición.

Desarrollo de habilidades

1. **Profundice en el crecimiento de sus propias relaciones.** Si quiere ver cambios en esa persona, lo más

importante que puede hacer es seguir creciendo usted, ser sensible y fortalecerse personalmente. Comprométase a pasar tiempo siendo auténtico, transparente y susceptible con su propio equipo de vida. Resista la tendencia a gastar demasiada energía en reparar a la otra persona. Salud atrae salud.

2. **Busque en fuentes confiables y exitosas la ayuda relacional para la persona a quien usted está guiando.** Por fortuna, usted no tiene que reinventar la rueda en cuanto a hallar personas competentes y correctas. Buenos departamentos de recursos humanos, consejeros e iglesias han sido durante mucho tiempo los proveedores útiles de soluciones para este problema. Pregunte alrededor de su comunidad. Simplemente al manifestar: «Estoy buscando ayuda para alguien que conozco que tiene problemas de merecimiento», dirá mucho para que puedan brindarle ayuda.

3. **Practique su tono.** Siempre existe el riesgo de que usted quede como perfeccionista, paternal y superior ante quien trata de ayudar cuando le sugiere nuevas relaciones. Prepárese, encuentre una persona de confianza y dramatice la conversación. Permítale que lo instruya y que le diga cómo verse más vulnerable pero aun así claro.

CAPÍTULO 13

DIGA: «ME EQUIVOQUÉ»

Estaba asesorando a una pareja ejecutiva en sus habilidades comunicativas. El esposo acababa por cuarta vez de interrumpir y corregir una historia que su esposa intentaba contar. Ella había tratado de ser paciente, pero finalmente se sintió dolida y se exasperó.

—Tal vez debo dejar que *tú* cuentes la historia —manifestó ella—. Ni siquiera puedo terminar una idea al respecto y en este mismo instante no estoy disfrutando lo que pasa.

Detuve el proceso para dirigirme al esposo.

—¿Está usted consciente de que ella tiene razón? Le ha corregido la historia varias veces y sinceramente me siento muy apenado por su esposa.

—Tan solo estoy tratando de corregir algunas de las imprecisiones en la historia —objetó el hombre—. Usted sabe, fechas, lugares, personas. Estas cosas son...

—Alto ahí —lo interrumpí a propósito—. Esta es una de las principales razones por las que ustedes necesitan asesoría. Ponga las imprecisiones en un segundo plano. Ahora no son importantes y probablemente nunca lo serán.

—Pero yo solo estaba tratando de ayudarla...

—Con todo el debido respeto, párelo allí de nuevo —volví a interrumpir—. Mire el rostro de su esposa. ¿Qué está sintiendo ella?

—Dolor y tristeza —contestó él después de mirarla.

—Así es, dolor y tristeza —asentí—. Y también mucho retraimiento.

Entonces me volví hacia ella.

—¿Es así como se está sintiendo?

—Sí —respondió ella.

Ahora me volví otra vez hacia el hombre.

—Cuando usted hiere los sentimientos de alguien, lo último que debería hacer es explicar por qué lo hizo, como si eso arreglara las cosas. Quiero decir que literalmente eso es lo último que usted debería hacer. Lo cual significa que en algún momento aquello podría ser útil, pero no ahora.

—¿Qué es lo primero? —inquirió él, más comprometido ahora.

—Decir que usted estaba equivocado.

—Pero yo solo...

—En serio, no vuelva a eso —lo interrumpí—. No más «yo solo». Si quiere una verdadera relación con su esposa, no diga eso.

—Pero...

—Simplemente diga que estaba equivocado —volví a interrumpirlo moviéndome hacia delante en mi silla, de tal modo que nuestros rostros quedaran muy cerca—. Mírela y dígale que estaba equivocado. Y hablo en serio.

Por lo general no tengo que ser tan contundente, pero yo sabía que había mucho en juego en esta relación.

Él se quedó en silencio. Pude observar la creciente frustración en su rostro. Como ya había hablado con su esposa, sus hijos, sus empleados (y ahora lo confirmaba en la oficina), yo sabía que este hombre no había expresado a menudo estas dos palabras.

Lentamente se volvió hacia su esposa. Ella le devolvió la mirada, esperando en silencio.

—Cariño —expresó él despacio—. Me equivoqué. Lo siento.

La esposa no dio volteretas en el aire; es más, retrocedió un poco.

—¿Respecto a qué? —preguntó.

—Respecto a lo que hago.

—¿A qué cosa?

Ella no estaba haciendo leña del árbol caído, sino que reconoció ese instante como un momento importante en la relación de ambos y, por tanto, quiso claridad.

—Esas interrupciones.

—¿Crees realmente que estabas haciendo algo equivocado?

—Bueno, yo solo estaba tratando...

Llegó mi turno.

—¡No! ¡Siga por donde iba!

Él estaba frustrado de veras.

—Tal vez ayude —añadí—, que ella le diga cómo la hacen sentir sus interrupciones.

Entonces me volví hacia la mujer.

—¿Puede usted hacer eso?

—Siento que no somos un equipo y que soy una idiota que no puedo hacer nada bien —declaró ella con los ojos humedecidos a medida que se volvía más sensible.

El hombre se suavizó cuando la vio dolida.

—Cariño, yo no tenía idea de que te sintieras así. Eres mi todo y mi compañera de equipo, y una persona muy competente a quien respeto mucho.

Esas palabras parecieron consolarla, al menos un poco.

—Así que ahora —le ordené a él—, contéstele la pregunta.

—Sí. Realmente creo que hice algo erróneo. Tomé el control de la conversación y eso fue despectivo y grosero. Y lo hago mucho contigo. Lo siento. No quiero volver a hacer eso nunca más.

Nuevamente, esta vez ella tampoco dio volteretas de alegría en el aire. Pero pude ver su sentimiento más cerca de él, con un poco más de esperanza.

Para abreviar la historia, el hombre cumplió su palabra, y aprendió el hábito de dejar que la esposa contara sus historias a su manera. Pero ese no fue el gran momento *eureka* para él, sino aprender cuán difícil le era (algo así como sacarle una muela) admitir que estaba equivocado. Usando el desarrollo de habilidades y los principios bosquejados en este capítulo, aquel proceso nos llevó mucho más trabajo. Aprender *esa* parte fue mucho más transformador en cuanto a ayudarle a obtener el matrimonio, la familia y la empresa que el hombre realmente quería.

El poder de la confesión

¿Cuál es el problema con decir «me equivoqué»? Sin duda alguna eso era un problema para mi cliente. Pero su malestar casi no fue
tan importante como los beneficios resultantes.

He notado un patrón en mi trabajo con las personas, un fuerte
contraste entre las de éxito y las que se quedan estancadas en la
vida. Se trata de una relación inversa: *Las personas triunfantes ponen
énfasis en sus fracasos, mientras que las que fracasan ponen el énfasis en sus
triunfos.* Aunque hay ciertas excepciones a la regla, el patrón es que
los megatriunfadores no tienen problema en cuanto a mencionar
sus tremendas meteduras de pata; es más, parecen disfrutarlas. Creo
que su carácter es integrado, con mucha ambición, pero con poca
vergüenza y con juicio propio. Un líder de gran rendimiento me
contó acerca de un acuerdo en que había ganado millones, y luego
terminó la historia diciendo: «Después averigüé que la otra parte
negoció mejor que yo, y pude haber obtenido el doble de lo que
gané. Pero bueno, así es la vida». Este hombre no pareció avergonzado en absoluto, y tampoco hablaba como si tuviera una imagen
que proteger.

Por el contrario, podemos experimentar todo tipo de contor-
siones en una conversación con los del segundo grupo, y lograr
que estos admitan culpa es como tratar de luchar contra un cerdo
engrasado. Describen cómo fueron engañados, o cómo las circunstancias obraron en su contra, o lo malo que era el momento.

Esta relación inversa no es casualidad. Los exitosos intentan
cosas, cometen equivocaciones, reconocen sus errores, aprenden e
intentan de nuevo en un nivel más informado y educado. De este
modo es probable que con el tiempo logren éxitos aun mayores.
Por otro lado, los fracasados se sienten indefensos, víctimas y con
mala suerte. Tristemente, están condenados a repetir sus pasados
otra vez, hasta que aprenden el valor de decir «me equivoqué»,
seguido por ningún pero.

Cuándo decir «me equivoqué»

La vida nos da múltiples oportunidades para practicar diciendo: «Me equivoqué». Por ejemplo, podríamos decir: «Me equivoqué al...

- no terminar el colegio y en lugar de eso decidir jugar más duro».

- aflojar en el trabajo y perder el empleo».

- hacer que mi matrimonio gire a favor de mis intereses y no en servir a mi cónyuge».

- pensar que podía vivir como si tuviera diecinueve años cuando tenía treinta y seis».

- no poner límites en una relación terrible».

- rescatar y mantener a mi hijo adulto y consumirme yo mismo».

Ninguna de estas cosas son divertidas para contar; al contrario, todas son *grandes* cosas que contar. Estas declaraciones nos llevarán a alguna parte y en este capítulo veremos por qué.

En resumen, se trata de confesar. Básicamente, la declaración «me equivoqué» es un tipo de confesión, o un entendimiento de que algo desagradable es cierto. Debemos confesar cosas todo el tiempo: Debo confesar que no respondí pronto el correo electrónico. Tengo que confesar que gasté demasiado en la tarjeta de crédito. Debo confesar que no he sido la persona que debí haber sido. Debo confesar que robé el banco.

(Bueno, esto último es broma).

Simplemente estamos diciendo: «Sí, lo hice». No es algo agradable o divertido de contar. Lo digo todo el tiempo a mi familia, mis amigos y mis socios comerciales, y nunca se siente divertido. Sin embargo, «me equivoqué» tiene poder increíble para curar la actitud de creer que lo merecemos todo y lanzarnos a una gran vida. Consideremos los asombrosos beneficios de decir «me equivoqué».

Podemos arreglar lo que confesamos

Por otra parte, *nunca* podemos arreglar lo que *no* confesamos.

Lo primero que hago cuando una empresa me pide asesoría es pasar un día con el equipo administrativo. Entrevisto gente, miro los informes y estados financieros, y observo cómo interactúan en una reunión de equipo. Al final del día ofrezco un diagnóstico: «Gran organización, pero necesitan una comercialización más específica», «más sistemas integrados», o «una cultura más saludable». Si concuerdan conmigo están confesando que algo está mal y que debe mejorar. En ese caso estamos en camino a hacer que las cosas mejoren. Pero si dicen: «*Mi* departamento no es el problema, sino los otros tipos», y los otros tipos dicen lo mismo, no tenemos a dónde ir y no se puede arreglar nada.

Es lo mismo con las relaciones. Cuando ninguna de las partes «reconoce sus problemas», trátese de egoísmo, falta de amor, control, crítica, engaño o irresponsabilidad, la pareja simplemente no tiene a dónde ir y no puede arreglar nada. Por eso es que cuando trabajo con parejas paso mucho tiempo inicial haciendo que descubran y asuman la responsabilidad por sus contribuciones a los problemas de relación. Casi nunca es 50–50, a veces es 90–10. Pero, sin embargo, he visto un cónyuge totalmente inocente en un problema de relación.

Una de mis reglas es: «Si ustedes están gastando más energía enfocada en los problemas de su pareja que en los suyos propios, *aunque la persona sea adicta o delincuente,* nunca van a ser felices o saludables». ¿Por qué no? Porque a menos que usted exprese su propio «me equivoqué», no aprenderá qué es lo que en su interior está rescatando, fortaleciendo o tolerando un mal comportamiento.

Esta es una de las principales razones por las que es tan difícil convertirse en cristiano. Simplemente no podemos unirnos al club y comenzar a ir a la iglesia. Tenemos que decirle a Dios: «He pecado». En otras palabras: «Me equivoqué». ¡Qué declaración de humildad! Y, sin embargo, este es un requisito para aceptar el sacrificio de Cristo por nuestros pecados. Si no hay enfermedad de pecado que confesar, no hay sentido o lógica en recibir el antídoto del perdón. Lea lo que Juan expresa: «Si afirmamos que no tenemos pecado, nos engañamos a nosotros mismos y no tenemos la verdad. Si confesamos nuestros pecados, Dios, que es fiel y justo, nos los perdonará y nos limpiará de toda maldad» (1 Juan 1.8-9).

No obstante, veamos el beneficio desde el lado espiritual. Podemos arreglar, o Dios arreglará, lo que confesamos. El problema de la culpa y de habernos separado de él queda borrado para siempre. La realidad central de la vida ha cambiado.

«Me equivoqué» es una frase muy, pero muy, sanadora.

La gente se identifica con aquellos que se responsabilizan de sus propios asuntos

Piense en la última discusión que tuvo con alguien que no admitió su culpa. Esa persona se desvió, culpó, descartó, cambió de tema, se hizo la víctima y usó cualquier cantidad de otras tácticas. ¿No se sintió usted horrible? ¿No pasó lentamente el tiempo? ¿No se sintió impotente?

Ninguna persona sana quiere estar cerca de alguien que no puede decir: «Me equivoqué». Todos queremos una relación mutua en ambos sentidos con una persona que diga: «Hoy cometí un error considerable», y que la otra afirme: «Llegué tarde por tercera vez al juego de fútbol de mis hijos». Cuando participo en esas conversaciones me relajo, e incluso sabiendo que habrá dificultades me siento conectado y lleno de energía. Sin pretensiones, sin actitudes defensivas. Todos estamos en el mismo barco de individuos imperfectos. ¡Qué alivio!

Me hallaba con una directora general haciendo un resumen ejecutivo de un día que pasé con su equipo. Había sido una jornada difícil porque la empresa estaba pasando aprietos, y muchos de los problemas señalaban fallas en el liderazgo de esa dama. Aunque ella era altamente relacional y solidaria, a menudo evitaba tomar decisiones difíciles como confrontar malos resultados y dejar ir empleados de mucho tiempo cuyas actitudes los llevaron a comportarse como si no debieran trabajar duro.

Analicé los problemas con ella en su oficina, diciéndole: «Gran parte del reto es acerca de su falta de límites y de hacer cumplir las decisiones». Yo no sabía qué iría a decir la ejecutiva, pero quedé muy satisfecho cuando manifestó: «Siempre he sabido esto en cierto grado, pero no quería que fuera verdad. Estoy muy desilusionada conmigo misma, porque es cierto. Esta es mi empresa y cambiaré estas cosas».

Las cambió y la empresa salió beneficiada. La capacidad de esta directora general en cuanto a admitir que estaba equivocada cambió todo.

La gente se siente más segura

Cuando usted dice, «Me equivoqué», tras perjudicar a alguien en cierta manera, le está comunicando que: «Estoy consciente de la forma en que te he afectado y eso me preocupa». En lugar de inesperadamente romper platos en la cocina de alguien y luego declarar: «Bueno, me descuidé», usted dice: «Esos platos eran importantes para ti y me siento apenado de veras por lo mal que los traté». A esto llamo una *declaración impactante*.

Las declaraciones impactantes atraen a las personas y hace que se sientan unidas y confiadas entre sí. Así como el esposo ejecutivo al principio de este capítulo, la gente se entusiasma con actitudes que expresen que «me equivoqué y sé cómo te he afectado ».

Le pregunté a la esposa en la historia con que empezó este capítulo por qué se entusiasmó con su esposo después que él confesara e hiciera esta declaración impactante. Ella contestó: «Hubo dos cosas. Primero, sentí que si él podía ver el problema entonces era menos probable que lo volviera a hacer. Pero la parte más importante fue que me di cuenta de lo mal que se sintió porque me había herido. Cuando vi en su rostro lo mal que le hacían sentir las consecuencias, y puedo decir que eso fue real, me sentí comprendida y quise volver a estar cerca de él». Esas son las dos razones por las que las personas se sienten seguras: menos probabilidad de una reincidencia negativa y ver una respuesta empática al daño que hacemos.

Difícil, difícil, difícil

«Me equivoqué» es una de las declaraciones más difíciles que podemos hacer. ¿Por qué se nos pega en la garganta? Porque es algo difícil.

El mantra de las malas actitudes es: *No puedo admitir la falta. Parecería débil y me haría sentir avergonzado.* El mantra del camino duro es: *Debo admitir fácilmente lo malo, porque me hará libre.* Identifiquemos y resolvamos varios de los obstáculos para confesar que nos equivocamos.

Hábito. Por desgracia nuestra cultura de merecimiento absoluto nos ha entrenado para evitar responsabilizarnos de nuestros asuntos a como dé lugar. Aquello está profundamente arraigado y es un hábito universal. Observe el programa *La jueza Judy,* experimente una batalla por la custodia de un niño o simplemente lea las rupturas de las celebridades en la revista *People.* Es algo atroz. Señalar con el dedo se vuelve extremo. En nuestra cultura es normal culpar a otros. La proporción entre «yo fui» y «yo no fui», sea en televisión o en una fiesta, constituye una fracción muy pequeña.

Nuestra herencia espiritual. Además, nacemos acusadores, así como Adán y Eva, nuestros padres. Eso se encuentra en nuestro ADN, desde el mismo inicio. Cuando atrapamos a nuestros hijos literalmente con las manos en el tarro de galletas, inventan algunas de las mentiras más creativas al respecto. A veces sus excusas simplemente nos hacen reír: «Mi hermano me obligó». Vaya, ¿te *obligó* tu hermano a tomar y comer una galleta? Esa excusa llegó a ser una de mis favoritas de todos los tiempos.

Pero una de las labores de los padres es ayudar a que los hijos se críen ajenos al juego de culpar, de modo que cuando sucedan cosas malas lo primero que salga de sus bocas no sea un reactivo «¡Yo no!», sino un reflexivo «Déjame pensar en qué pude haber contribuido a este desastre». Por medio de una buena crianza y un buen ejemplo los hijos pueden aprender el hábito de sacar la viga de sus propios ojos (Mateo 7.4-5).

Autoenjuiciamiento. A veces la gente no admite su culpa porque va más allá de ser algo «incómodo». Todos tenemos un juez interior que puede volverse duro y condenador. Además, mirar nuestra verdadera condición y su influencia negativa en otros puede llegar a sentirse increíblemente doloroso.

Estaba trabajando con una familia en la que el padre había tomado algunas decisiones económicas malas que afectaban en gran manera a todos sus miembros y su futuro. No había escuchado el sano consejo ni las apelaciones de la familia, y había hecho algunas inversiones poco prudentes y altamente especulativas, usando los ahorros y el valor neto de la casa. Todo se había venido abajo.

Tuvimos una reunión *muy* difícil. El papá se puso muy defensivo: «¡Hice lo mejor que pude por mi familia! ¡Recibí mal consejo! ¡Ninguno de ustedes me apoyó!». Pero la familia siguió insistiendo en cómo él la había afectado. Por último, en cierto punto vi cómo cambió el rostro del hombre… y no fue un buen cambio, como en remordimiento. El hombre declaró: «Tal vez yo no sea bueno para algunos. Quizás ya no deba estar aquí».

Lo llevé al consultorio de un psicólogo lo antes posible y lo estabilizó. Pero fue un momento atemorizante. Lo que estaba tras los pensamientos autodestructivos de ese hombre era una dura voz interior de juicio que lo acosaba hasta el punto de la desesperación. Siempre había sido un sujeto fuerte, silencioso y duro consigo mismo. Y tenía poca experiencia en cuanto a recibir gracia, apoyo o amor. Cuando tenemos poca gracia interna, el juez interior hace estragos. La ley verdaderamente produce ira (Romanos 4.15), y la ira de ese hombre era horrible.

La buena noticia es que después de haber estado en consejería por un tiempo y de haber recibido el apoyo de su familia, el hombre pudo admitir lo destructivas que habían sido sus decisiones financieras para ellos y cuán apenado y lleno de remordimiento se sintió por tomarlas. Él había internalizado suficiente gracia para poder tolerar sus malas acciones, lo cual le otorgó la compasión para los miembros de su familia que necesitaban oír de él.

¿Podría algo así ser el obstáculo para que usted manifieste: «Me equivoqué»? Tal vez tema que si admite algo caerá en el oscuro agujero de odiarse a sí mismo. Eso ocurre en casos muy raros, como este. Si es así, rodéese de Dios y de las personas que están llenas no solo de verdad sino también de gracia (Juan 1.14).

Saber y decir. Algunas personas no admiten culpas, aunque sepan que están equivocadas, porque el mismo acto de pronunciar las palabras en voz alta ante alguien es algo muy doloroso. Se sienten mal por dentro, pero les cuesta trabajo sacar a la luz sus fracasos en una relación. Sienten vergüenza y culpa, lo que preferirían evitar.

Ese es un aspecto único de las relaciones. Mientras que, abandonados a nuestra suerte la mayoría de nosotros puede compartimentar realidades negativas y pensar en algo más para evitarlas, no ocurre así cuando nos relacionamos. Al hablar con las personas acerca de nuestros fracasos, la conciencia emocional de lo que hemos hecho sale a la superficie, y se vuelve mucho más difícil evitar y pretender que el problema no existe. Es como lo que sucede cuando depositamos una tableta de Alka-Seltzer en un vaso con agua. El agua libera la potencia de la tableta, la que hasta entonces era inerte. Las relaciones liberan la forma en que realmente nos sentimos y lo que en realidad sabemos acerca de nuestras acciones. Por eso muchos individuos con ínfulas de grandeza simplemente evitan admitir sus faltas ante otros, sabiendo intuitivamente que podrían sentir alguna realidad con la que les sería muy difícil tratar.

Nuestro lenguaje. Usamos todo tipo de juegos de palabras para no expresar que: «Me equivoqué», y estos juegos niegan el valor de nuestra confesión. He aquí algunas cosas que nunca debemos volver a decir, junto con algunas alternativas saludables:

- «No fue culpa mía» contra «Pudo haber sido culpa mía, voy a pensar realmente en esto».

- «No fue tan malo» contra «Fue algo malo, eso es todo».

- «No estoy perjudicando a nadie más que a mí mismo» contra «He afectado a personas que me importan mucho».

- «Me obligaron» contra «Influyeron en mí y luego tomé mi propia decisión».

- «Siento mucho que tengas sentimientos heridos» contra «Siento mucho haberte lastimado».

¡No somos los únicos! Todavía en ocasiones me sorprendo usando juegos de palabras. Pero mejoro mientras más trabajo en ello.

Vale la pena

He visto muchas historias de éxito en personas que pasan de no reconocer sus errores a la vía del éxito del camino duro, y gran parte de eso ha empezado con manifestar: «Me equivoqué».

He visto que una junta directiva perdona a un director general por tomar malas decisiones y le ofrece otra oportunidad.

He visto que una madre de la que sus hijos se distanciaron por haberlos criticado constantemente se gana luego el afecto y el amor de ellos.

He visto matrimonios reconstruidos y familias sanadas.

También he visto individuos fracasados que no lograban reaccionar y que llenos de orgullo culpaban a otros, finalmente quebrantarse, reconocer sus errores, recibir ayuda, y encontrar grandes carreras y oportunidades.

Sucede todo el tiempo.

«Me equivoqué» no es el fin de todo, sino la puerta a nuevas cosas. Después de la confesión viene el arrepentimiento, tan cierto como que después del diagnóstico del médico viene la receta. Pero *nada relevante ocurre en nuestras vidas hasta que nos humillamos lo suficiente como para pronunciar las palabras* «me equivoqué», ya sea acerca del modo en que nos fallamos a nosotros mismos, fallamos a otros o a Dios.

Hagamos de «me equivoqué» una parte normal de nuestro vocabulario, y observemos luego lo que sucede.

Desarrollo de habilidades

1. **Inclínese hacia «reconocer en exceso» esta semana.**
Diga: «No quise que todo girara alrededor de **mí**», «Creo que me he vuelto demasiado crítico», o «Llegué diez minutos tarde y eso les quitó tiempo de su día». Estos son ejemplos pequeños, pero le ayudarán a volverse consciente de los beneficios y el poder de expresar sus errores cuando se equivoca con asuntos de importancia e incluso respecto a cosas pequeñas.

2. **Lea Salmos 51.17:** «El sacrificio que te agrada es un espíritu quebrantado; tú, oh Dios, no desprecias». Este es un gran pasaje para ayudarle a experimentar el poder de

la confesión y la proximidad y cercanía de Dios como resultado.

3. **Escriba el aspecto principal** que ha evitado en cuanto a la profesión, la felicidad, la relación o la dirección que ha estado buscando. ¡Y no puede empezar con el nombre de otra persona! Comience con: «Me equivoqué en relación a cómo he evitado asuntos difíciles», «He estado esperando que alguien me dé permiso para correr riesgos», o «He dependido de mis padres para que me saquen de dificultades». Léalo. No, no es agradable, pero esta es la mejor cirugía. Luego empiece a actuar para que nunca tenga que volver a decir: «Me equivoqué» en cuanto a ese error específico. ¡Habrá otros! Pero esta semana usted puede empezar a cambiar aquel error, y seguir adelante disfrutando de una nueva vida.

CAPÍTULO 14

ENFRENTE EL DOLOR QUE LO LLEVA A ALGÚN LUGAR

Es TAN SENCILLO COMO ESTO: Si queremos conseguir algo significativo en la vida debemos relacionarnos con el dolor. Debemos entender cómo usar y experimentar nuestro propio dolor en maneras que nos lleven hacia dónde queremos llegar.

Este principio se encuentra en el centro del camino duro del éxito. Los atletas selectos comprenden esto; también lo hacen los militares profesionales y otros grupos de alto rendimiento. Podría tratarse de dolor físico, emocional o relacional, dependiendo de nuestro objetivo. Una vez que aceptamos este principio y establecemos nuestra relación con el dolor, nos encontraremos en nuestro camino.

Aclaremos las cosas

En pocas palabras, el dolor es *malestar*. Es una experiencia o sentimiento negativo de cualquier índole o categoría. Podría parecer como alguno de los tipos en la siguiente lista. (Estos son solo ejemplos para el bien del análisis. Cada una de las categorías tiene mucho más ejemplos; tal vez usted pueda añadir muchas por su cuenta).

- *Físico*: Sentirse débil y cansado por tener sobrepeso

- *Emocional*: Sentirse abrumado, triste o ansioso

- *Relacional*: Sentirse aislado y solo por parte de alguien a quien se ama

- *Profesional*: Sentirse frustrado con una falta de realización en el trabajo

- *Financiero*: Sufrir pérdidas y luchas en la administración del dinero

- *Espiritual*: Sentirse desconectado de Dios y de su gracia

A nadie le gusta (mucho menos disfruta) la sensación de dolor. Hace daño. Cuando ponemos la mano en la hornilla caliente de la estufa gritamos y rápidamente la retiramos. Reaccionamos a ese malestar extremo de manera natural: ¡Queremos *alejarnos de eso!*

Aclaremos las cosas respecto a algo que nos ayudará a encontrar el éxito en nuestra relación con el dolor: *La vida no tiene opción libre de dolor*. La vida no tiene una senda en la cual no tengamos experiencias, relaciones o sentimientos negativos. No existe, por mucho que quisiéramos encontrarla.

A la búsqueda de esa senda la llamo exploración nirvana, en la que las personas buscan maneras de evitar el malestar y la dificultad. Entonces deciden no ejercitarse porque eso las hace sentir incómodas. No corren riesgos en sus carreras porque podrían fallar. No participan en conversaciones difíciles porque prefieren tener pensamientos positivos y «no ir allí» con individuos desafiantes. Toman atajos. Les resulta casi imposible hacer cosas difíciles por un tiempo prolongado.

Y nunca encuentran nirvana (o espiritualidad). Ni siquiera se le acercan.

Sin embargo, ¿quién puede culpar a una persona por la exploración nirvana? Sería una locura amar el dolor; es más, amar el dolor proporciona fuerte evidencia de un desorden psicológico. No obstante, según veremos en este capítulo, si bien podría parecer una locura amar el dolor *es cuerdo amar los resultados del tipo correcto de dolor*. Es sensato amar la cosecha que la clase correcta de dolor inevitablemente siembra en nuestra vida.

Nunca he conocido a alguien que se saliera con éxito de la exploración nirvana. Tarde o temprano encontraremos dificultad y malestar. Simplemente es imposible no resultar dañado, nunca desilusionarse, fracasar o perder, ni sentirse frustrados. La vida no se arrodilla delante de nosotros; es mucho más probable que nos arrolle. Y en realidad no podemos medicar eternamente las heridas que sentimos. La vida es mucho mayor que nuestra automedicación.

En mi experiencia, aquellos que se aferran de manera más obstinada que otros a la búsqueda, o tienen tres años de edad o son drogadictos. Ambos grupos buscan el placer y evitan el sufrimiento a toda costa. Dedican gran parte de su vida y energía a los esfuerzos por «sentirse bien a cualquier precio». Mientras que los drogadictos necesitan tratamiento que les ayude a vencer su condición, los niños de tres años necesitan padres sabios y amorosos que los guíen a ser conscientes de que, aunque la vida puede ser buena, deben aceptar la presencia del sufrimiento como parte permanente de su existencia.

Las actitudes soberbias que nos llevan a hacer el mínimo esfuerzo nos llevan a resistir el sufrimiento. La cultura que promueve estas actitudes presenta opciones para evitar el sufrimiento de todo tipo. No esforzarse ofrece soluciones para cada una de las categorías de vida dolorosa que ya mencioné:

- *Físico*: Empezar una de las muchas soluciones instantáneas y dramáticas para perder peso.

- *Emocional*: Distraerse comiendo o trabajando para no tener que sentir la señal de socorro de las emociones.

- *Relacional*: Echarse para atrás y empezar de nuevo cuando una relación se pone difícil.

- *Profesional*: No aceptar empleos que requieran trabajar sobretiempo y fines de semana.

- *Financiero*: Endeudarse con la tarjeta de crédito y pagar después.

- *Espiritual*: Recordarle a Dios que su tarea es hacerlo feliz a usted y solucionarle los problemas.

La ley del mínimo esfuerzo tiene un mantra sencillo para cualquier sufrimiento: *Sentirse bien a toda costa*. La vida es corta, sentirse bien funciona, y nunca se deberían experimentar molestias por ningún motivo.

El camino duro también tiene un mantra sencillo para el sufrimiento: *Enfrenta el dolor que lleva a alguna parte*. Ambos aspectos son diametralmente opuestos, y mientras que el camino duro nos funciona, el camino del mínimo esfuerzo nos fallará al final, con tanta seguridad como el programa de pérdida instantánea de peso que no resultará en pérdida duradera de peso.

Recuerde la definición de camino duro: *El hábito de hacer lo que es mejor, en lugar de lo que es más cómodo, a fin de lograr resultados que valgan la pena*. Todo esto se vincula, lo que explica por qué digo que usted debe crear una relación con el sufrimiento que funcione bien.

Ya que no existe ningún camino nirvana cuerdo, echemos un vistazo a cómo sería una relación útil con el dolor. Empecemos con las dos clases de dolor.

Dolor sintomático y dolor del éxito

Al primer tipo de sufrimiento lo llamo *dolor sintomático,* un malestar agudo que nos avisa de la realidad de que debemos hacer algo nuevo y diferente. Considerémoslo una advertencia. Los seis sufrimientos enumerados al principio de este capítulo son ejemplos del dolor sintomático. Advierten: «¡Hola, mira! Tienes un problema, es hora de ponerle atención». Y si no le ponemos atención, puede amplificar la intensidad hasta que nos veamos *obligados* a tratarlo. C. S. Lewis llama al dolor el «megáfono» de Dios.[15]

Queremos disminuir el dolor sintomático todo lo que podamos, pero solamente podremos hacerlo si averiguamos lo que yace tras el síntoma, su origen. Debemos ocuparnos de cualquier cosa que esté causando sufrimiento para poder tener éxito, solucionar problemas y conseguir una vida sana. Y la clave para disminuir el dolor sintomático es el segundo tipo, *el dolor del éxito.*

El dolor del éxito es diferente del dolor sintomático. Se trata del malestar que nos ayuda a cambiar y crecer. Es bueno para nosotros. Proporciona respuestas, esperanza y energía. Puede ser *tan incómodo como el dolor sintomático,* pero eso no importa. Nos trae buenos frutos y hace que todo valga la pena.

El dolor del éxito también es la mejor manera de disminuir el dolor sintomático. Es el árbol que produce el fruto. Esto se debe a que es lo que debemos hacer con relación a un problema oculto que hemos estado evitando, lo cual ha llevado al dolor sintomático en primer lugar. Cuando enfrentamos el dolor del éxito ayudamos a resolver el dolor sintomático.

Volvamos a revisar los seis dolores sintomáticos y veamos los dolores del éxito que debemos enfocar:

- *Físico*: Sentirse débil y cansado por tener sobrepeso.

   Dolor del éxito: Encontrar un sistema de apoyo y un plan equilibrado nutrición/peso al cual adherirse.

- *Emocional*: Sentirse abrumado, triste o ansioso.

   Dolor del éxito: Llevar ante el equipo de vida la pérdida, la herida o la lucha que están motivando tales sentimientos.

- *Relacional*: Sentirse aislado y solo por parte de alguien a quien se ama.

Dolor del éxito: Aprender algunas habilidades saludables de confrontación y tener esa conversación difícil.

- *Profesional*: Sentirse frustrado con una falta de realización en el trabajo.

Dolor del éxito: Conseguir un mentor o instructor de carrera y calendarizar algún tiempo para trabajar en la pasión, los talentos y la formación.

- *Financiero*: Sufrir pérdidas y luchas en la administración del dinero.

Dolor del éxito: Tomar un curso Dave Ramsey, aprender las habilidades para presupuestar y adherirse al plan.

- *Espiritual*: Sentirse desconectado de Dios y de su gracia.

Dolor del éxito: Hablar con un pastor o director espiritual confiable y maduro acerca de lo que está pasando y de qué pasos se podrían seguir para volver a conectarse con Dios.

¿Ve el patrón aquí? Todos los dolores del éxito constituyen trabajo y esfuerzo, requieren energía, son difíciles, toman tiempo. Se sienten dolorosos. *Y resuelven el dolor sintomático*. La Biblia dice lo mismo: «Por tanto, ya que Cristo sufrió en el cuerpo, asuman también ustedes la misma actitud; porque el que ha sufrido en el cuerpo ha roto con el pecado» (1 Pedro 4.1). Dios diseñó una senda para ayudarnos a terminar con el pecado en todas sus formas, los que nos llevan a fallar, a fracasar, a no alcanzar nuestro potencial, a estar encerrados en patrones disfuncionales de relación, a estar aprisionados por malos hábitos y adicciones, a no cuidar de nuestros cuerpos y de nuestro peso... en otras palabras, a perder las oportunidades que Dios tiene para nosotros.

La solución de Dios es sufrir, pero con la clase correcta de sufrimiento: «El que ha sufrido en el cuerpo ha roto con el pecado». Ese es el dolor del éxito. Es molesto. Literalmente sentimos en nuestro cuerpo el dolor del éxito: en forma de fatiga al ejercitarnos, de ansiedad acerca de esa conversación difícil, de aburrimiento al tener que ir a otra entrevista laboral, de sentirnos abrumados con emociones cuando tratamos con nuestro pasado. Pero todo esto produce buenos frutos, y vale la pena.

En nuestro patio trasero tenemos un árbol de limones. Cuando les doy un vistazo a las plantas, estas se marchitan y mueren, pero mi esposa tiene la habilidad de cultivarlas. Supongamos que salí a coger algunos limones para hacer limonada y encontré los limones secos y marchitos. En mi desilusión yo podría decir: «Ustedes realmente deben ser grandes y jugosos. Como limones son un tremendo fracaso».

Algún limón con amor propio me diría: «Este es tu problema, no mío. Yo solo soy el fruto. Nada mejorará hasta que arregles el árbol». Y eso sería cierto. Si añadimos mejor fertilizante, agua y luz solar, habría posibilidades de que los limones fueran mejores. Nada cambiará por mucho que confrontemos a los limones.

Jesús usó la metáfora del fruto para ayudarnos a entender el crecimiento y la falta de crecimiento: «Todo árbol bueno da fruto bueno, pero el árbol malo da fruto malo. Un árbol bueno no puede dar fruto malo, y un árbol malo no puede dar fruto bueno» (Mateo 7.17–18). La estructura divina es tratar con el árbol.

Cómo «enfrentar» mi dolor

Hace poco tuve que «enfrentar» mi propio dolor sintomático para tener este mensaje. Mi cara fue literalmente el síntoma.

Desperté una mañana para trabajar con dos clientes que venían a mi casa para un compromiso programado. Sentía mi cara entumecida, pero pensé que era porque había dormido en una posición incómoda. Me paré frente al espejo del baño y me froté la cara para hacer que la sangre fluyera.

Nada ocurrió. Mi cara seguía entumecida.

Es más, la parte izquierda de mi rostro se negaba a moverse. No podía mover la mitad izquierda de la boca, las mejillas, las cejas ni la frente. Cuando intentaba hablar, las palabras me salían mal articuladas. Creí que había sufrido un derrame cerebral, por lo que intenté hacer todos los movimientos laterales izquierdos y derechos de mi cuerpo, pero todo lo demás funcionaba bien. Por tanto, descarté un derrame cerebral, pero no tenía idea de qué estaba pasando.

Cuando mis clientes llegaron a la puerta les conté lo que había sucedido. Por suerte uno era un profesional de la salud que me dio una mirada y me dijo: «Entra al auto. Vamos a la sala de emergencias. En el camino llamó a otro galeno amigo nuestro, y los dos pensaron que mi padecimiento era parálisis facial idiopática.

Yo nunca había oído hablar de ese mal. Ellos lo describieron como una parálisis facial que no era ni peligrosa ni contagiosa. Viene del virus que causa la varicela, que la mayoría tuvimos de niños. El virus a menudo no desaparece sino que se queda en nuestro cuerpo en estado inactivo. En la edad adulta puede activarse como herpes o como parálisis facial.

El médico de la sala de emergencias confirmó el diagnóstico. Fui a casa y terminé de trabajar con mis clientes. Esa noche uno de mis hijos, Benny, entró, me lanzó una mirada y me dijo: «Hola, ¡Harvey Dent!», refiriéndose al villano con dos caras de Batman. Durante los dos meses siguientes soporté gran cantidad de regímenes médicos. Con el tiempo la parálisis desapareció poco o poco.

Pero mientras tanto, ¡qué experiencia tan extraña para mí! No podía hablar bien, tenía un parche en el ojo porque no podía cerrarlo, debía beber con una pajilla, y tuve que cancelar todos mis compromisos de video y televisión.

Pero acepté la parálisis facial a un nivel espiritual. Lo consideré una señal de parte de Dios respecto a algo de lo que al principio yo no tenía ninguna idea. Entonces le dije: «Te escucho. No quiero ser como Faraón. No tienes que mandarme la plaga número dos. No deseo agua ensangrentada, ranas o piojos. Dime, por favor, lo que debo oír y te responderé».

En otras palabras: *Enfrentaré el dolor del éxito que se requiere para eliminar el dolor sintomático.* Algo tenía que estar motivando esa extraña actividad. Quise encontrarla y arreglarla, a pesar del dolor.

Yo tenía un equipo de vida que consistía de varios amigos cercanos, por lo que les hablé del problema durante un tiempo. Finalmente una de ellos, Elaine Morris, que dirige mi programa de liderazgo en Dallas, manifestó: «Trabajas demasiado. Necesitas una junta de asesores para mantener el equilibrio». Ella creía que la parálisis facial resultó por exceso de trabajo.

Detesté esa idea. Amo mi libertad, mi autonomía y mi trabajo. Como he dicho, soy lo que considero un «feliz adicto al trabajo», que no trabaja por aislamiento o depresión sino por amor a lo que estoy haciendo y por un alto límite de sufrimiento. Debido a ese alto límite de sufrimiento, simplemente yo no sabía que estaba exagerando. Si una empresa me pedía que trabajara en Baltimore un martes y otra de Seattle me pedía lo mismo el miércoles, yo tendía a responder: «No hay problema. Para eso es que son los vuelos nocturnos». Dormir es algo que se hace después, ¿verdad?

Sin embargo, debí admitir que mi esposa y otras personas más ya me habían advertido que estaba trabajando demasiado. Por lo que pedí a nuestros cuatro amigos cercanos, todos maduros y realizados en sus vidas, que se constituyeran en mi junta directiva. Todos estuvieron de acuerdo y comenzamos a reunirnos.

Esa fue una transformación para mí. Fui transparente con ellos. Les di toda la documentación y la información que tenía sobre cada aspecto importante de mi vida: mi misión, mis metas, mi historia, mis finanzas, mis relaciones y hasta mis condiciones médicas. Ellos acometieron su nueva responsabilidad con seriedad y comenzaron a ayudarme a estructurar el equilibrio en mi trabajo y en mi vida de tal modo que esta se volvió más sana. Empecé a aprovechar mejor mi horario, a sacar tiempo para la salud y el equilibrio en mi calendario, y a decir no a buenas oportunidades con el fin de hacer espacio para las oportunidades correctas alineadas con mi propia misión.

No fue fácil. No me gustaba decir no a *ninguna* oportunidad de hablar, asesorar o instruir, porque disfruto mucho estas actividades. Pero establecimos días máximos anuales y mensuales de trabajo, tiempos de vacaciones, limitaciones de viaje y planes estratégicos.

Y las cosas comenzaron a mejorar. Me he vuelto menos apresurado y menos atareado. Mi eficacia ha aumentado. No he acabado con ese proceso, pero ya está rindiendo la clase correcta de fruto.

Veo la parálisis facial como el dolor sintomático que me llevó al dolor del éxito al tener bajo control mi horario de trabajo y mi vida. Uno de mis médicos me dijo que el exceso de trabajo puede ser un factor contribuyente a la condición. Quiero trabajar y ser productivo durante mucho tiempo. Tengo planes y sueños, como cualquier otra persona. Y creo que la parálisis facial ha sido el sufrimiento en el cuerpo que me está ayudando a terminar con el pecado del exceso de trabajo y de desequilibrarme.

¿Y usted? ¿Qué dolor sintomático está enfrentando? ¿Un trabajo, una relación o un problema de comportamiento? No cometa la equivocación de pensar que el dolor sintomático es el problema. No lo es. Use estos principios para ayudar a poner su energía a descubrir y resolver el dolor que le llevará al éxito.

El dolor de la rutina

Al ayudar a que la gente resuelva su creencia de que lo merece todo y siga hacia el triunfo he notado un tipo de dolor del éxito que los individuos evitan como una película mala. Sin embargo, cuando aprendemos a enfrentarlo y aceptarlo nuestra calidad de vida aumenta de manera exponencial. Lo llamo el *dolor de la rutina*.

Experimentamos el dolor de la rutina cuando nos obligamos a realizar la misma acción una y otra vez, esperando una recompensa en el futuro. Se trata del modo en que se sienten las cosas cuando aplicamos disciplina, diligencia y perseverancia. No es divertido. No crea pasión. Puede sentirse aburrido y lúgubre, como moler en una rueda de molino, y no podemos dejar de preguntarnos cuándo se detendrá.

Y puede hacer de usted un éxito.

Considere algunos ejemplos del dolor de la rutina:

- Son las tres de la tarde en la oficina. Usted ha realizado veinte llamadas en frío en su trabajo de ventas. Ha oído un rechazo tras otro y, sin embargo, tiene diez llamadas de venta más para cumplir la cuota. Se siente cansado y rechazado (porque lo *ha* sido). Sin embargo, usted levanta el auricular para hacer la llamada número veintiuno.

- Usted tuvo que establecer algunos límites con su hija adolescente acerca de sus malas calificaciones. Si ella no cumple con el límite establecido de calificaciones perderá muchos de sus privilegios telefónicos y sociales. Usted ya vivió un período de calificaciones en que su hija falló y expresó gran infelicidad, y ahora el nuevo informe no es mejor. Usted tiene que cumplir con el límite para otro período de informe, mientras ella empeora, culpa a otros, se queja e intenta manipularlo. Usted se siente agotado. Pero no da su brazo a torcer porque hacerlo aumentaría las posibilidades de que su hija no tenga éxito en el colegio.

- Usted necesita más capital para financiar su empresa recién inaugurada. La fase creativa fue emocionante y vivificante. A usted le gustó mucho el sueño, la visión y la esquematización. Ahora tiene que acudir humildemente a bancos, inversionistas y amigos, con una propuesta muy bien elaborada. Usted prepara sus energías para cada nueva conversación y se siente exhausto. Pero pide que se feche la próxima reunión.

- Usted está en una línea de ensamblaje que implica repetir las mismas acciones en una máquina cientos de veces al día. No se requiere una gran dosis de creatividad para eso, y hay poco margen para que usted cambie las cosas, que tienen más que ver con ser preciso y enfocarse en el objetivo. Es aburrido. Pero continúa haciéndolo porque piensa en cuánto ama a su familia y cómo ese empleo les proporciona seguridad.

- Usted está a dieta. Es el segundo mes y el período feliz de treinta días ya acabó. Su pérdida de peso se ha vuelto menos dramática, ya que el peso del agua se ha ido. Usted necesita su comida familiar de consuelo para que le ayude a relajarse después de un día difícil. Pero en vez de eso agarra verduras crudas. No saben tan bueno y en realidad no satisfacen, aunque calman el hambre. No obstante, usted continúa con el segundo mes; y sigue adelante.

El dolor de la rutina no es algo complicado, ni consiste en magia ni en un milagro. Es relacionarse con el dolor del éxito a lo *largo del tiempo*. No se desanime, no se distraiga ni se aburra después de la corta ráfaga inicial de energía. Tiene que ver con perseverar en lo correcto en el transcurso de los días, los meses y los años. El dolor de la rutina obra bajo el principio de que la mayoría de las cosas importantes que necesitamos en la vida provienen de lo lento y seguro, no de lo rápido y riesgoso.

Nuestra cultura de hacer el mínimo esfuerzo se resiste al dolor de la rutina. La película policial termina con un gran tiroteo en que unos pocos minutos de pelea estratégica resuelven el asunto. Los periódicos sensacionalistas prometen la pérdida de treinta libras de peso en treinta días. Pero eso simplemente no es realidad.

He visto cómo el dolor de la rutina funciona una vez tras otra en empresas. La ejecutiva brillante, creativa y poco fiable tiene grandes ideas pero simplemente no puede atenerse a fundamentos tales como terminar las cosas, recibir informes, revisar su trabajo y mostrar la diligencia debida. Ella les cae bien a todos y la aprecian, pero con el tiempo la empresa se cansa de todo el daño colateral que esta ejecutiva ocasiona. Por otra parte, la persona no tan brillante o creativa pero sí constante y confiable por lo general obtiene los ascensos y sigue adelante. Está comprometida con lo lento y seguro en lugar de lo rápido y riesgoso. Admito que esto no es tan divertido. Pero quienes continúan en lo mismo una y otra vez, en alguna forma como en el *Día de la marmota* con el tiempo tienen menos y menos diversión. No obstante, hagamos bien esto y la recompensa que tendremos será lo divertido de una gran vida.

Habilidades que le ayudarán a tener el dolor correcto

Por desgracia, la capacidad de tener una relación funcional con el dolor no se desarrolla de la noche a la mañana. La mayoría de las personas con problemas en cuanto a aguantar algo difícil proviene de escenarios en los que nadie les exigió que fueran diligentes, en que vivieron caos en sus hogares, o que simplemente salieron adelante debido a su talento y encanto.

Si usted y el dolor no han llegado a donde deben ir, he aquí algunas ideas que le ayudarán.

Preguntar «por qué» antes que «cómo». Cuando se encuentre con un obstáculo o un problema, no pregunte: «¿Cómo consigo un limón mejor?». Ahorrará tiempo preguntando: «*¿Por qué el limón está tan seco?*». En otras palabras, retroceda y entrene a su cerebro para que mire más allá de una rápida solución que por lo general no funciona. Sea paciente. Insista en algo más eficaz y revolucionario que una solución tipo curita.

Observar los patrones en su vida. ¿Hay lugares en los que usted encuentra un patrón de fracaso? Para algunos individuos es cuando otros no los animan, o en realidad los desaniman. Para otros es cuando las exigencias de la vida les quitan demasiado tiempo. Para algunos más podría ser cuando no hay atajos ni respuestas rápidas. Averigüe qué modelos lo están frenando y dirija sus energías a resolver esos patrones.

Ser claro en cuanto al valor del objetivo. Sienta cuánto de usted quiere el trabajo, la relación o el cuerpo sano. Pablo tenía claridad acerca de una de sus metas principales, cumplir el propósito de Dios para él: «Sigo avanzando hacia la meta para ganar el premio que Dios ofrece mediante su llamamiento celestial en Cristo Jesús» (Filipenses 3.14). Si «en cierto modo» usted quiere algo, le aseguro que la vida será suficientemente difícil y bastante entretenida para alejarlo de eso.

Dividir la labor en partes progresivas. Tener objetivos más pequeños de cierta cantidad de llamadas telefónicas, abdominales u ofertas para hacerse en un período hace que la tarea sea manejable y menos abrumadora. Usted podría necesitar subobjetivos anuales, mensuales, semanales, diarios o por hora. Pero estos movimientos progresivos suman con el tiempo. Su modelo de éxito es la hormiga, un genio en el dolor de la rutina:

> ¡Anda, perezoso, fíjate en la hormiga! ¡Fíjate en lo que hace, y adquiere sabiduría! No tiene quien la mande, ni quien la vigile ni gobierne; con todo, en el verano almacena provisiones y durante la cosecha recoge alimentos (Proverbios 6.6-8).

Gradual también significa «tomar descansos». Gran parte de la investigación sobre el cerebro recomienda unos cuantos minutos de descanso cada hora para refrescar la mente. Ese descanso puede ser una caminata, un libro o una conversación.

Comprometerse. El tiempo más terrible de cualquier dolor del éxito es cuando lo anticipamos. No es cuando lo estamos ejecutando sino cuando *pensamos* en llevarlo a cabo. La mente nos juega malas pasadas:

- Él va a explotar conmigo si le digo esto.

- Voy a fracasar en este proyecto.

- Nadie querrá lo que estoy vendiendo.

- Estoy tan cansado que hacer ejercicio será una tortura.

Si podemos superar ese ataque y comprometernos de veras, las cosas mejoran mucho. Como escritor que también asesoro e instruyo, siempre siento la atracción de acercarme a las personas y sentir la energía de la interacción, en lugar de obligarme a entrar en la soledad de la cueva a escribir por horas o días enteros. Me descubro inventando excusas para alejarme de la cueva, pensando: *Será aburrido y aislado.* Pero cuando entro en ella descubro que mis pensamientos engendran otros pensamientos y los jugos creativos empiezan a fluir. Es como si yo tuviera una conversación estimulante conmigo mismo. El compromiso lo es todo.

Conseguir ayuda. Tener un par de personas que revisen nuestros progresos nos hará las cosas mucho menos aburridas y lúgubres. Aún tendremos afuera algunos amigos que no están esclavizados con lo que estamos haciendo. Por tanto, ya que ellos no sienten el agotamiento de nuestra experiencia, pueden traernos nueva visión y energía. Cuando escribo un libro tengo amigos que revisan conmigo la escritura del día y me hacen comentarios y sugerencias. O quizás simplemente disfrutan hablar conmigo del tema, lo que me permite «descansar... por algún tiempo» (Romanos 15.32).

Si se cae del caballo, vuelva a montar. Si no nos hacemos amigos del dolor, trataremos de evitarlo y resolverlo. No nos desanimemos ante el fracaso ni seamos perfeccionistas. Démonos un poco de gracia y miremos a largo plazo. El fracaso es aprendizaje.

En caso de que ocurra trastorno de déficit de atención. Si nos han diagnosticado trastorno de déficit de atención tenemos un reto extra al apegarnos al dolor de la rutina. Nuestra condición se presta a que nos distraigamos de las tareas repetitivas. He visto este daño tanto en carreras como en matrimonios. Simplemente consigamos ayuda.

Gran cantidad de tratamiento bien investigado ofrece ayuda eficaz de todo tipo. Usted no tiene motivo para sentirse avergonzado o negativo en cuanto a sí mismo, o fingir que sencillamente puede ponerse a trabajar y hacer esto. No es así. Los tratamientos le ayudarán a seguir adelante con el dolor de la rutina.

Deje que el dolor trabaje para usted

Usted no tiene que disfrutar el sufrimiento. Pero úselo. Trate con él de manera competente y hará que trabaje para usted.

Un próspero cliente empresarial mío tiene una estrategia que por mucho tiempo he respetado; he visto sus beneficios comprobados una y otra vez. Cuando se reúne con su equipo, empieza con: «¿Cuáles son las dificultades?», en lugar de «Cuéntenme las buenas noticias». Cree que cuando él y su equipo enfrentan el dolor de las realidades negativas al lidiar con las ventas, resultados y la cultura, todos aprenden de ellas, las estudian a fondo y triunfan. Celebran y lo hacen bien. Pero dedican sus primeras energías a enfrentar los sufrimientos que los alejan del éxito. Primero las malas noticias, después las buenas.

Desarrollo de habilidades

1. **Medite en 1 Pedro 4.1.** Este poderoso pasaje es muy
   útil con relación al dolor. Piense en sus pecados, como por
   ejemplo, el miedo, el perfeccionismo, la distracción, la falta
   de confianza, el ensimismamiento o el control. Después
   pida a Dios que le revele qué sufrimientos en el cuerpo le
   ayudarán a acabar con esas cosas. Él desea una mejor tierra
   para usted, de modo que el fruto de su vida resulte sano.

2. **Evalúe lo que le ha costado evitar el dolor.**
   Escríbalo. ¿Sufrió su carrera? ¿Su matrimonio? ¿Su
   salud? En mi programa de entrenamiento de liderazgo
   hago a menudo la pregunta del sufrimiento: «¿Qué
   dificultad ha estado evitando y qué le ha costado eso?».
   El propietario de una empresa contestó hace poco:
   «Pospuse el cierre de uno de mis locales y me costó
   varios millones de dólares». Eso podría parecer extremo,
   pero no es el **único** caso... a menudo he oído respuestas
   en una escala similar. Y las consecuencias no siempre se
   miden en dólares; también tienen que ver con aspectos
   familiares y personales. Esta habilidad será una buena
   llamada de atención para usted.

3. **Provea fondos para sí mismo.** En la mayoría de los
   seres humanos el sufrimiento que debemos experimentar,
   sea tener una charla difícil, correr un riesgo, o hacer tareas
   repetitivas y no creativas, es algo que muy dentro de
   nosotros sabemos que debemos hacer. Solo que usted ha
   estado evitándolo. Es necesario que destruya ese patrón.
   Haga las cosas de modo distinto esta semana. No empiece
   esta semana pensando positivamente que, ahora que se le
   ha llamado la atención, las cosas simplemente van a darse.
   No es así. La vida tiene muchas exigencias y distracciones.

En vez de eso, cada vez que tenga su tiempo normal de planificación (digamos, lunes por la mañana), feche un momento para esa reunión o actividad, y pídale a su equipo de apoyo que le envíen un alentador mensaje de texto o una llamada telefónica. Haga que en esta semana logre hacer aquello que ha estado evitando.

CAPÍTULO 15

CORRA UN RIESGO SIGNIFICATIVO CADA SEMANA

LOS BRAZOS CRUZADOS SON UNA MALA SEÑAL.

Cuando entreno un equipo administrativo, el individuo que se sienta en el fondo del salón con los brazos cruzados, inclinado hacia atrás, sin ninguna expresión facial, está emitiendo una señal. En silencio está expresando: *Esto es una pérdida de tiempo. ¿Cuándo podré volver a mi escritorio y hacer algún trabajo real?* ¡Los brazos cruzados no son un buen indicador de compromiso positivo y activo!

En un entrenamiento reciente que realicé con los ejecutivos de una gran empresa, Dave era el tipo de los brazos cruzados. Él era un «deportista analítico» que trabajaba con complicados modelos económicos; era brillante, centrado y un jugador clave en el éxito de la empresa.

Pero mi entrenamiento ese día correspondió a las relaciones de la empresa y la cultura. Yo había llegado para trabajar con el equipo sobre cómo ser emocionalmente receptivos y vulnerables unos con otros, mientras siguieran teniendo expectativas de alto rendimiento. Dave dejó en claro que no tenía la intención de llegar a eso. Mientras que el resto del personal habló de sus miedos y fallas en cuanto a confiar unos en otros y en relacionarse a niveles más profundos, Dave se sentó en silencio con los brazos cruzados.

La mayoría de empresas tienen un Dave en el nivel superior. Estos Dave obtienen su alto nivel de éxito por medio de trabajo duro y buena manera de pensar, pero a menudo tienen poca conciencia de sí mismos, especialmente en cuanto a cómo los perciben los demás. Por tanto, rara vez llegan a la cima. No tienen idea de cómo inspirar confianza y lealtad.

Por eso en la reunión de ese día lo llame de una manera educada.

—Dave, los demás han sido francos con relación a sus vidas —le dije—. ¿Hay algo que usted quiera aportar?

—Yo estaba en un segundo plano en el equipo de béisbol y eso me devastó —contestó.

El comentario produjo algunas risas de parte del grupo.

—Oigan todos —intervine—, ahora que estamos topando con las sensibilidades seamos serios y hagamos conocer a Dave cómo su reserva y su escepticismo los afecta ahora, en este momento.

Se hizo un breve silencio.

—En realidad me agradas, Dave, pero no me siento muy segura contigo —dijo entonces la sincera del equipo, una mujer llamada Amy.

Se volvió a hacer silencio.

—A veces siento que estás juzgándome, por lo que no corro riesgos contigo —comentó otra persona.

—Te evito porque de lo único que puedes hablar es acerca de trabajo, y ya me cansé de eso —expresó alguien más.

—¿Cómo le están afectando estos comentarios, Dave? —pregunté, deteniendo las observaciones.

Hasta este momento él había permanecido callado.

—En realidad no sé qué decir —manifestó entonces—. Me molesta que ustedes, muchachos, piensen eso. En realidad, es lo que mi esposa también me dice.

A medida que la conversación continuaba, ocurrió algo curioso. Dave estiró los brazos. Se volvió más verbal. A partir de ese momento el entrenamiento tomó un giro diferente y mejor, tanto para Dave como para el equipo.

Dave se había entrenado para nunca ser vulnerable en ambientes sociales, para jugar a lo seguro, y para adherirse a tareas y pensamientos del lado izquierdo del cerebro. Tenía aversión a arriesgarse en el reino relacional y en cuanto a la sensibilidad. Se necesitó la presión del equipo para que su miedo comenzara a debilitarse.

¿El culpable aquí? Cuando llegué a conocer a Dave en nuestras sesiones de instrucción personal, rápidamente se hizo evidente que su problema se había originado en nuestra cultura del mínimo esfuerzo. Siempre había creído que no *tenía que* correr riesgos relacionales o ponerse «lejos». Sentía que eso estaba por debajo de él. No debía esperarse que Dave fuera el tipo de individuo cursi. Su cultura y el mantra del mínimo esfuerzo era: *Soy competente. Estoy por sobre todos los riesgos.*

Pero la estrategia de Dave no funcionó, ni en su vida profesional ni personal. Así que empecé a trabajar en un mantra del camino duro diferente y más fructífero: *Debo correr riesgos con el fin de crecer y lograr lo que quiero.*

¿Por qué arriesgarse? Considere varias razones fabulosas

Nunca he conocido una persona verdaderamente exitosa y saludable que no hiciera del arriesgarse en forma significativa una parte normal de su vida.

Mencioné el arriesgarse en los capítulos sobre admitir estar equivocado (capítulo 13) y sobre motivación (capítulo 5). Arriesgarse se encuentra en toda la literatura de crecimiento; es un concepto generalizado que es imposible dividir en categorías.

Pensemos tan solo en algunos de los muchos beneficios que puede ofrecernos el correr riesgos:

- *Arriesgarnos es nuestra única esperanza de «mejorar» en algo.* Sin riesgos el único camino que tenemos es «lo mismo», trátese de carrera, de vida amorosa, o de alguna pasión como un pasatiempo o ministerio. Sin arriesgarnos no tenemos seguridad de hacer algo mejor que lo «mismo», si no peor. ¿Queremos de veras tal sendero?

- *El proceso de correr riesgos saca lo mejor de nosotros.* Nos obliga a pensar, planificar, obsesionarnos, ver la realidad, hacer juicios y establecer prioridades. No podemos ser perezosos y arriesgados al mismo tiempo.

- *Correr riesgos nos hace humildes porque nos lleva a nuestro límite.* Cuando agarramos el teléfono para tratar de hacer esa próxima venta no sabemos qué resultará y no podemos controlar eso. Podemos fallar y no nos gustaría que eso ocurriera.

- *El riesgo es un gran maestro.* No existe mejor manera de aprender a manejar un negocio, jugar un deporte, empezar una relación nueva, o abrirse paso hacia un mejor matrimonio que probar cosas sin tener idea de cómo van a resultar.

- *Nos sentimos más vivos cuando nos arriesgamos.* Las glándulas suprarrenales comienzan a fluir de pronto; nos asustamos, nos emocionamos y nos llenamos de energía.

El más importante de estos beneficios es, sin la menor duda, el primero. Sin asumir riesgos simplemente no hay ningún camino que queramos de veras. Sin arriesgarnos nunca seremos mejores de lo que somos ahora mismo. Y vivir en el camino duro exige tomar riesgos.

Un estilo de vida saltando precipicios

Una vez llevé a mis hijos a navegar en balsa por aguas bravas en Nevada. Durante varios días aprendimos a ir por los rápidos y tuvimos tiempo de sobra para observar los paisajes. Una tarde nuestro guía nos llevó a una caverna que tenía un estanque subterráneo y algunos acantilados rocosos. Había llegado el momento de realizar un salto alto desde uno de los acantilados, a diez metros por encima del agua.

Unos veinte chicos preadolescentes habían participado en el viaje, pero ninguno de ellos había saltado desde esa altura. A su edad no tenían mucha experiencia en riesgos físicos. Cuando el guía desafió a los chicos a que saltaran, se hizo una pausa. Ellos miraron el acantilado, el agua, unos a otros, y otra vez al agua. Por último un muchacho caminó hasta el borde. Y saltó levantando un gran chapuzón. Cuando la cabeza apareció sin sangre manando de ella, el hielo se rompió. Los demás chicos treparon, se alinearon y se lanzaron, con algunas bolas de cañón, algunos clavados y también moretones que requirieron un médico o una ambulancia. Después esa noche, durante la cena, se contaron mentiras unos a otros acerca de los trucos de inmersión que habían realizado.

Los chicos habrían tenido un tiempo horrible si no hubieran saltado. Si hubieran mirado el acantilado, luego el agua, para después volverse a nuestras balsas, ¡qué triste y desilusionador habría sido!

Mi planteamiento es este: *Lanzarse de un acantilado es un hábito de vida, no un acontecimiento.* Es una habilidad normal y necesaria que separa a los ganadores de los que se quedan atascados. Los ganadores no consiguen el gran trabajo y luego se detienen. Quieren un gran trabajo, un gran matrimonio, grandes hijos y una gran vida de servicio. Lo quieren todo, aunque eso implique riesgo y fracaso. Solo piensan y se comportan de ese modo en todos los ámbitos de la vida. Después que se lanzan del acantilado y aprenden todo lo que hay que aprender allí, empiezan a tramar su próximo riesgo. Eso nunca termina.

Es una buena manera de ver la vida.

¿Por qué nos encanta leer acerca de Pedro, el discípulo impulsivo? Cometió muchas equivocaciones, pero admiramos su capacidad de clavadista de acantilados. Cuando vio a Jesús caminando sobre el agua, Pedro quiso acercársele inmediatamente y se arriesgó contra las leyes de la física:

—Señor, si eres tú —respondió Pedro—, mándame que
vaya a ti sobre el agua.
—Ven —dijo Jesús.

Pedro bajó de la barca y caminó sobre el agua en dirección
a Jesús (Mateo 14.28-29).

Pedro nos inspira a salir de nuestra rutina. Nunca he conocido una persona de éxito, sea en los negocios o en la familia, que no se saliera regularmente así de su propia rutina.

¿Cuál es nuestro próximo acantilado?

Existen literalmente tantos saltos desde acantilados que debemos realizar, como hay áreas de la vida. Solo depende de cuál es el que debemos enfrentar en un momento dado. Y no tenemos garantía de que las cosas saldrán bien; por eso es que lo llamamos riesgo.

Pero los riesgos deben ser *significativos*. Deben influir en lo que nos importa. El buceo y las carreras de autos son riesgos y están llenos de adrenalina, pero son más bien diversión, emoción y entretenimiento. No me refiero a eso, sino a que los riesgos significativos tienen que ver con la vida que queremos labrar para nosotros mismos. Por ejemplo:

- Pedir un aumento de sueldo y arriesgarse a recibir un no.

- Trabajar noches y fines de semana para empezar su propio negocio y arriesgar horas de sudor y esfuerzo si este no funciona.

- Dejar que su cónyuge sepa que usted tiene un mal hábito que lo está destrozando y arriesgarse a una reacción terrible.

- Acercarse a esa persona que usted encuentra atractiva y arriesgarse a recibir un rechazo.

- Contar a sus amigos que usted no puede pasar mucho tiempo con ellos porque quiere ir al colegio nocturno, y arriesgarse a que crean que en realidad no forma parte del grupo.

- Decirles a sus amigos de deportes que le gusta el arte, y a sus amigos del arte que le gustan los deportes, y arriesgarse a que ambos grupos se burlen.

- Tener esa confrontación con su hijo adulto joven acerca de su falta de motivación de irse de la casa y de asumir responsabilidad por sí mismo.

- Presentarse para un papel en el teatro comunitario y arriesgarse a no obtener el papel.

- Tener esa conversación difícil con su cónyuge acerca de lo infeliz que usted es en el matrimonio y de cuánto desea que las cosas mejoren.

- Decirle a su jefe que usted quiere ser considerado para otro cargo y arriesgarse a perder el puesto que tiene.

- Empezar un blog y arriesgarse a recibir críticas negativas.

¿Está su acantilado en esta lista o debe añadir algo más aquí?

Características de los arriesgados

En mi trabajo con ejecutivos, propietarios de empresas y personas de éxito en general, he encontrado varias características clave que todos ellos tienen en común.

No se ilusionan con la seguridad

Los grandes corredores de riesgos han visto a través del mito de la seguridad, que la verdadera seguridad realmente no existe, excepto dentro del amor de Dios: «En ti confían los que conocen tu nombre, porque tú, SEÑOR, jamás abandonas a los que te buscan» (Salmos 9.10). Los demás pueden renunciar en cualquier momento y a menudo lo hacen.

Pero no quiero dar la impresión de que creo que todos los individuos inteligentes y ambiciosos en el mundo comercial corren riesgos. Muchos están en conflicto en cuanto a los riesgos, e inseguros de qué camino seguir. Su pensamiento es algo como esto: *Tengo una familia, una hipoteca, deudas. Sé que sueño con hacer algo que me gusta mucho y con llevar la batuta, pero esta gran empresa ha estado presente por mucho tiempo, tiene miles de empleados, y me está yendo bien en ella.*

Unas semanas después la empresa pasa por una remodelación, y aquellos que no son arriesgados y que por seguridad quisieron permanecer en la compañía ahora tienen un par de meses de cesantía, ¿y luego qué?

Trabajo con muchas corporaciones enormes, y los directores generales y miembros de junta de cualquiera de ellas dirían que no existe tal cosa como verdadera seguridad en el mundo laboral. Usted podría estar trabajando para una de las empresas de la lista Fortune 500. Podría trabajar para el gobierno. O podría abrir un puesto de venta de limonadas en la esquina. Pero no se engañe. A la larga *su única garantía de seguridad laboral es que tal cosa no existe.*

Un cliente mío en el mundo de los medios de comunicación estaba en las primeras etapas de su espíritu empresarial. Tenía el sueño de trabajar por su cuenta, pero también tenía hijos y obligaciones. Era muy considerado en su posición en una gran empresa, y estaba claro en cuanto a que se hallaba subiendo en la escalera del éxito.

No obstante, el sueño no se le iba. Le gustaba su trabajo pero sentía un ardor que no podía aliviar. Tenía ideas que simplemente no se podían expresar en su actual empleo. En realidad, parte de él también ya no era elegible para ser empleado. Se mantuvo diligente en contra de las expectativas, no porque le causara dolor sino porque era un fanático de la autonomía. Para él todo tenía que ver con libertad.

El hombre y su esposa comenzaron a planificar el sueño. Por supuesto, la primera pregunta que surgió fue en cuanto a la seguridad, ya que tenían hijos pequeños. Además debían tratar con un gran obstáculo: Al papá de ella lo habían despedido años antes, y el cambio había sido duro para toda la familia. Debieron mudarse a menudo, y ella no pudo ir a la universidad que había soñado. Por eso no quería que su familia experimentara ese tipo de conmoción y pérdida.

Pero cuando pensaban en el sueño identificaban solo una diferencia importante entre la infancia de la esposa y la actualidad: El padre de ella tuvo poco control sobre el entorno. Simplemente habían ocurrido cambios a gran escala en el mercado tectónico, y el papá no había tenido alternativa: sin más explicaciones le habían entregado la carta de despido.

En realidad, ahora la mujer y su esposo estaban tomando decisiones arriesgadas. *Y cuando se toma una decisión arriesgada se tiene mayor control. Cuando se toma la decisión de permanecer con la ilusión de la seguridad, se tiene menos control.* Aunque tomar *cualquier* riesgo significa que no se puede controlar el resultado (o de lo contrario no sería un riesgo), se tiene mayor control cuando se ha pensado el riesgo en una manera calculada y evaluativa. Es mucho mejor hacer nuestra tarea e invertir en la creación de un negocio, con costos ya analizados de fracaso incluido en nuestra vida y en nuestro presupuesto, que seguir esforzándonos en un sendero que no será soportable para nosotros.

Descubrir eso les dio a mi cliente y a su esposa el empujón que necesitaban. Hicieron planes, ella lo apoyó, y en pocos meses él había establecido su nueva empresa, dejó la antigua, y se lanzó por el acantilado. Predije que no pasarían tres años antes de que pudiera obtener el mismo nivel de ingresos que había alcanzado con la empresa anterior.

Aquello terminó ocurriendo en menos de doce meses.

El hombre atribuye gran parte de su estrategia y éxito a su comprensión de la verdad de que realmente no había ningún trampolín debajo de él, aun en el mundo empresarial.

Cuando vemos la realidad de que no hay ninguna verdadera seguridad sino el amor de Dios, nos liberamos del temor y del comportamiento de aversión al riesgo.

Están preparados para tolerar el fracaso por una recompensa posible

Las personas exitosas están bien si el riesgo falla. No tienen una postura tipo «el fracaso no es una opción». Han examinado lo que el plan les costará en tiempo, dinero, recursos y energía. Además, quizás el proyecto no sea agradable, pero saben que sobrevivirán y que vale la pena intentarlo.

Es necesario pensar con sobriedad para examinar a fondo el lado negativo. No es agradable pensar: *Yo podría perder un montón de tiempo, dinero y energía aquí.* Pero las personas que no hacen eso pueden quedar atrapadas en lo que los psicólogos llaman ansiedad catastrófica, un tipo de pánico sin palabras que puede impedir la toma de buenas decisiones y la creatividad. Algunos turistas en Las Vegas declaran: «No juguemos con dinero que no podamos perder». Si podemos vivir cosechando fracasos del riesgo que sembramos, estamos bien en nuestro camino.

Simplemente hacen cosas

Los que corren riesgos no esperan que les den permiso, no esperan el estímulo o las palabritas de aliento de los demás, ni esperan una crisis. Ellos sienten el sueño, se permiten gozar el deseo y *actúan.* Toman la iniciativa. No los impulsa ninguna persona, fuerza o circunstancia externa. Simplemente hacen cosas. Son activos, a veces inquietos, en busca de oportunidades y maneras de tener una vida mejor.

Lo que los arriesgados hacen podría al principio no ser sensato. Pueden retomar un curso o un problema por una semana pensando y teniendo una lluvia de ideas, o participando en muchas conversaciones en Starbucks con relación al paso siguiente. Pero están en movimiento. Hacer cosas que no parecen muy productivas es mejor que no hacer nada más que lo mismo que siempre hemos hecho.

Normalizan el riesgo

Ven el riesgo como algo que la gente hace, no como algo que *otras* personas hacen, y no como algo que se hace una vez al año cuando se tiene un gran problema o una crisis por delante. Se trata de un hábito humano. El título de este capítulo literalmente es: «Corra un riesgo significativo cada semana». *Cada semana.* Desde no estar de acuerdo con esa persona controladora en su vida hasta ser sensible ante un amigo en relación a sus fracasos para iniciar una nueva empresa y hacer cosas que lo lleven hacia el cumplimiento de su deseo, sin ninguna garantía de los resultados. Una semana es suficientemente larga como para no abrumarlo y tan corta como para que usted no pierda la tracción.

Son premeditados, no impulsivos

Los verdaderamente grandes corredores de riesgos con quienes he trabajado no son fanáticos salvajes de la adrenalina. Son cuidadosos y deliberados respecto a los obstáculos para su riesgo, y corren riesgos calculados. Hacen sus investigaciones en el mercado de valores. En sus matrimonios saben cuándo presionar un asunto y cuándo retroceder. Toman decisiones después de hacer la debida diligencia, y respetan los aspectos negativos posibles.

Tenga presente este último punto. Algunas personas son intrépidas por naturaleza, no me refiero a eso de una manera saludable. No sienten temor cuando deberían tenerlo. Hacen inversiones horribles, eligen relaciones tóxicas y no cumplen con su cuidado personal.

Otros han sido tan controlados y cuidadosos todas sus vidas, que a veces llegan a un punto crítico y se comportan simplemente como lo hacen quienes corren riesgos imprudentes. Se han cansado tanto de tener miedo que se vuelven impulsivos.

Por tanto, no intente ningún comportamiento importante nuevo, y no haga ningún compromiso nuevo de tiempo, dinero, amor o energía sin orar y sin meditar a fondo en las consecuencias, y sin buscar el consejo de buenas personas.

Crean una comunidad de clavadistas

Los buenos corredores de riesgos se sienten atraídos unos a otros. Entienden lo que está en juego, se apoyan entre sí, se lanzan retos mutuos, y se ayudan unos a otros cuando la suerte está echada. Es difícil luchar contra la atracción gravitacional de la situación actual de la vida. Sin una comunidad de clavadistas de ideas afines que los apoyen se quedan sin combustible y se preguntan si están en el camino correcto. Cuando se sienten desanimados saben que necesitan a otros que les ayuden a mantener el ritmo: «Preocupémonos los unos por los otros, a fin de estimularnos al amor y a las buenas obras» (Hebreos 10.24).

Conozco un joven y exitoso ejecutivo como de veinticinco años que tenía dificultades con su propio deseo acerca de si debía ingresar al mundo del cine, el cual le gustaba mucho. El cine es notoriamente riesgoso. Trátese de un festival o de un negocio de hambre, el joven había creado para sí mismo una línea productiva de trabajo que tendría que dejar atrás.

Este ejecutivo acababa de almorzar con un antiguo amigo, como de cuarenta y cinco años, quien había estado en ambos mundos.

—¿Cómo puedo resolver los próximos veinte años? —le preguntó al hombre mayor.

—No lo hagas —llegó la respuesta—. Existen demasiadas variables y te volverías loco. Planifica para los próximos cinco, haz lo que te gusta, no cometas errores tontos, y conoce a muchas personas.

La idea de «cinco años en vez de veinte» fue transformadora para el joven. Al instante sintió claridad interior, y la energía creativa comenzó a animarle las ideas y las pasiones. Tener un amigo mayor y exitoso lo apartó de la excesiva planificación libre. El ejecutivo aún se encuentra en el proceso de determinar sus próximos pasos. Pero puesto que conozco su carácter, su talento y su determinación, tengo plena confianza en que hará el próximo gran paso con tremendo resultado.

Superación de obstáculos

El riesgo es arriesgado. Podría sentirse energético, pero el riesgo tiene desventajas reales; por eso es que todos tenemos mensajes en nuestras cabezas que nos mantienen en la ilusión de la seguridad. Consideremos los principales a fin de lanzarnos con éxito por el acantilado y saber cómo seguir adelante.

Un temor disfuncional a fracasar

Las personas normales sienten cierto temor a fracasar. Eso es lo que les impide lanzar sus vidas por un agujero negro. El miedo normal al fracaso nos hace reflexionar un día antes de renunciar de manera impulsiva al trabajo por haber tenido una semana realmente difícil. Debemos prestar oído a ese temor.

Pero cuando nos encontramos atrapados en un círculo que parece interminable de volver a pensar, de calcular otra vez, de revisar una vez más, y de pulir de nuevo nuestra idea, podríamos quedar atascados en un miedo disfuncional de fracasar. Ese temor nos impide funcionar como debemos, además de retardar nuestro crecimiento y progreso.

Un amigo mío, talentoso orador y presentador, empezó a trabajar por su cuenta. Luchó. Y las cuentas de cobro seguían llegando. Contrató un consultor de negocios que se fijó en cómo mi amigo gastaba su tiempo. Resultó que estaba pasando ochenta por ciento de su tiempo laboral puliendo sus charlas y sus presentaciones PowerPoint, y solo veinte por ciento del tiempo haciendo llamadas, buscando contactos y consiguiendo contratos.

Cuando se le señaló esto se dio cuenta de que temía el rechazo del mercado. El hombre tenía un juez crítico en la cabeza que personalizaba de este modo el fracaso normal: «No solo fracasaste... *eres* un fracaso». Así que para evitar esa voz condenatoria pasaba su tiempo realizando actividades seguras que no lo ponían en la senda del riesgo.

Si usted lucha con un miedo disfuncional a fracasar, haga lo que hizo mi amigo para curar el problema. En primer lugar, se dio cuenta del juez que tenía en su cabeza. Percatarse de eso le ayudó en gran manera. Luego, cuando sentía ansiedad en cuanto a reunirse con gente para pedir contratos, llamaba a algunos amigos para que le dieran apoyo y seguridad en lo que digo que es la «llamada de inyección de cinco minutos». El amigo entendería el temor y contrarrestaría la voz del juez proporcionándole esta otra voz: «Entiendo, estás asustado y podrías fracasar. Pero sea que ganes o pierdas, soy tu amigo y quiero que me llames después que hagas la solicitud». Eso resolvía las cosas para él y debería hacer lo mismo por usted.

Una tendencia a evitar la desilusión

Si a usted lo han desilusionado demasiadas veces en el pasado, ¿por qué arriesgarse a que lo defrauden otra vez? Esto impide que muchas personas se conviertan en clavadistas. La sensación duele, por lo que muchos no permiten sentir sus pasiones. De ese modo piensan que no tienen que enfrentar la frustración inevitable.

A menudo los problemas de la desilusión se derivan de una dependencia de cierto resultado deseado, y de la sensación de que *eso debe ocurrir en la forma correcta, o será devastador.* Tal vez la única persona que usted alguna vez ha amado (al menos en su mente) rompe la relación. O se frustra la décima entrevista de trabajo... la importante. ¿Por qué ponerse en una posición de arriesgarse a más dolor y desesperación?

La mejor solución para eso es darse permiso para tener variadas respuestas y múltiples opciones. Las personas terminan con sus corazones destrozados todo el tiempo, y muchas veces después de recuperarse encuentran el gran amor de sus vidas. La entrevista quince o veinte funciona porque el que pide empleo no tenía esa sensación desesperada de «tener que conseguirlo». Hacer de lado la dependencia de resultados particulares y específicos es liberador.

Una fe mal puesta en deseos de rescate

Hay quienes evitan arriesgarse porque creen que alguien, en alguna parte, verá su aprieto, será sensible a su necesidad y los rescatará. Ese individuo proveerá el dinero, el trabajo o el matrimonio. Ese es un deseo de rescate. Es un tipo de sueño de la primera infancia que puede venir de una crianza negligente o de padres helicópteros, dos caras de la misma moneda.

Los deseos de rescate son poderosos. Quienes los tienen tienden a cerrarse y aislarse en tiempos de dificultad, durante los mismos momentos que deberían estar pidiendo energía y actividad. Pero su fe en el deseo de rescate les dice que esperen y sean pasivos, que la ayuda está en camino.

La respuesta al deseo de ser rescatado es abandonar el anhelo de que alguien se encargue de arreglar las cosas, y en lugar de eso adoptar el deseo de que alguien camine a su lado. Es la diferencia entre rescate y ayuda, entre ganar la lotería y conseguir un mentor que le mostrará a usted cómo aprender una habilidad comercial. Pida ayuda en la forma de apoyo, aceptación, consejo, ideas y redes. Pero no pida ser rescatado. Esto no lo llevará a ningún lugar al que usted deba ir.

Arriésguese a tener una espalda roja

Si su decisión en la vida está entre quedarse en la cornisa y sentirse seguro (y casi muerto) o convertirse en un clavadista que se arriesga a tener la espalda roja como una langosta (pero que se siente totalmente vivo), entonces elija arriesgarse. Descubrirá que no hay comparación.

Haga del riesgo una parte semanal de su vida.

Desarrollo de habilidades

1. **Haga la conexión entre deseo y riesgo.** Identifique lo que realmente le importa que todavía no tenga. Ahora identifique qué riesgo lo mantiene alejado de eso. Haga la conexión entre ambos aspectos. Mientras más los una mentalmente, más hablará de ellos, más los registrará y orará por ellos, y lo más probable es que suceda algo extraordinario. Lo he visto cientos de veces: *El deseo aumenta y el temor al riesgo disminuye.* Los dos aspectos tienen una relación inversa. Manténgase sintiendo el deseo. Esto le ayudará.

2. **Obtenga lo bueno de su equipo de vida.** Un equipo de vida lo constituyen unas cuantas personas de buen carácter que desean que usted se arriesgue y gane, y que le ayudarán con eso. Dígales que tiene miedo de que si

no logra vender la casa terminará en la calle pidiendo limosna. Pídales que le recuerden la historia, el carácter y el sistema de apoyo suyo. Es increíble lo poderoso que es oír a alguien que ve auténticamente cosas buenas en usted, *incluso cosas que usted ya conoce.* El poder del apoyo relacional no puede sobreestimarse.

3. **«Haga cosas» para los próximos treinta días.** Desarrolle esta destreza motriz. Asuma riesgos pequeños, un par a la semana, durante el próximo mes. Deben ser cosas que normalmente no hace, a fin de tener su energía en movimiento:

- Sea el primero en la reunión de equipo en decir lo que piensa acerca de la propuesta, en lugar de esperar a ver de qué manera soplan los vientos políticos.

- Cuando alguien le pregunte esta semana cómo le está yendo, dígale realmente cómo le está yendo.

- Pregunte a alguien algo que le importa a usted, en vez de pasar el noventa por ciento de toda la conversación hablando de ellos. Estas personas podrían estar felices de darle la ayuda, el oído que escucha, el amor o el consejo que usted busca.

- Obtenga una perspectiva fresca sobre lo que usted quiere de la vida al hablar con alguien con quien no ha analizado el tema. Mezcle un poco sus contactos sociales.

4. **Medite en la parábola de los talentos de Mateo 25.** Este es un pasaje aterrador acerca de la conducta de renuencia a correr riesgos. Jesús elogia el riesgo y confronta a quienes lo evitan. Yo he hecho de este pasaje uno de mis favoritos, y pienso al respecto todo el tiempo. Me ha ayudado a decidir arriesgarme cuando quiero

esconder en la tierra mi talento. Y el principio nunca me ha decepcionado.

CONCLUSIÓN: EL CAMINO

EN REALIDAD, SÍ *HAY* UN camino fácil. Se trata del yugo de Jesús, y es idéntico al camino duro de Dios. Este no es un juego de palabras; es algo real y verdadero. Desde la perspectiva divina, los dos son uno y el mismo. En las palabras que siguen, Jesús nos da este consuelo y aliento:

> Vengan a mí todos ustedes que están cansados y agobiados, y yo les daré descanso. Carguen con mi yugo y aprendan de mí, pues yo soy apacible y humilde de corazón, y encontrarán descanso para su alma. *Porque mi yugo es suave y mi carga es liviana* (Mateo 11.28-30, cursivas añadidas).

Jesús nos dice que su yugo es suave. *Pero al mismo tiempo no se abstiene de llamarlo yugo.* Un yugo es un aparato que nos conecta directamente al peso que se ha de jalar, es decir al trabajo que se debe realizar, así como un caballo de tiro está conectado por el yugo y el arnés conectado al arado que se va a jalar. Aceptar el yugo de Jesús significa comprometerse a trabajar, a veces a trabajar duro. Pero él sigue llamándolo suave porque nos perdona y nos libera del yugo de la ley.

Si usted ha sentido alguna vez la necesidad de esforzarse por ser lo suficientemente bueno para Dios, a fin de buscar la aprobación de los demás o rendir (y aun de esta manera seguir sin sentirse aceptable por mucho que se esforzara) entonces sabe algo acerca de la ley. Ese yugo es imposible de soportar, y ahí radica el perfeccionismo, la autocondenación, la culpa y la vergüenza. Le romperá la espalda si se lo pone. Casi rompió la mía antes de que experimentara la gracia de Dios. Mis primeros años en la fe cristiana se caracterizaron por muchísimos estudios bíblicos, reuniones y charlas que en última instancia estaban motivados por un deseo de hacerme suficientemente bueno para Dios. Terminé agotado y sin sentirme fructífero o pleno. Felizmente, un pastor amigo me enseñó acerca de morar o permanecer en Cristo. Me llevó a través de las palabras de Jesús en Juan 15.4:

> Permanezcan en mí, y yo permaneceré en ustedes. Así como ninguna rama puede dar fruto por sí misma, sino que tiene que permanecer en la vid, así tampoco ustedes pueden dar fruto si no permanecen en mí.

El momento de comprensión para mí fue cuando me di cuenta de que no tengo que ser suficientemente bueno para Dios. Y no lo soy. La cruz me liberó de esa carga y me ayudó a experimentar los beneficios de ser amado más que ser suficientemente bueno. Aprendí que es la relación de dependencia y permanencia en mi relación con él lo que cambió por completo la situación. Ese ha sido realmente el yugo suave en mi vida.

Sin embargo, creo que hasta el camino de la ley, por difícil que sea, en realidad es menos difícil que el camino de creer que lo merecemos todo. ¿Por qué debería ser así? Porque le ley al menos nos impulsa a tener sed de Dios y a buscarlo. No obstante, el camino del merecimiento absoluto empieza y termina con narcisismo. *Tratar de ser suficientemente buenos para Dios da más esperanza que exigir ser Dios.*

En mi trabajo con hombres y mujeres veo a menudo una progresión: Creer que lo merecemos todo da paso a la ley, y luego la ley da paso a la gracia. El individuo ensimismado finalmente se encuentra cara a cara con la realidad de que no es Dios, y de que no es tan grandioso e indestructible como creía. Esta verdad produce mucho dolor. Entonces cambia a otra táctica: Trata de ser muy, pero muy, bueno, y de hacer las cosas muy, pero muy, bien. Desea demostrar que puede ganarse la manera de salir de sus defectos. Pero en última instancia esta táctica también falla, como lo hacen todas nuestras obras.

En ese momento está listo para el camino duro de Dios, la senda que afirma que todos hemos fracasado, que todos debemos admitir nuestros fracasos y asumir la responsabilidad de ellos. Y después de enfrentar lo intolerable, *la persona se ve frente a frente con la gracia.*

La gracia de Dios es la única manera posible de aceptarnos, de aprender humildad, de asumir la responsabilidad, de hacer los cambios necesarios en nuestras vidas, y de convertirnos en los individuos que Dios diseñó que tanto usted como yo fuéramos.

En definitiva, todo tiene que ver con la gracia, la misma gracia de Dios.

Por tanto, resista todas las formas en que se manifiesta la creencia de que usted lo merece todo. Elimine sus propias tendencias hacia esta enfermedad. Sea una fuerza amorosa y firme para ayudar a que quienes están atrapados encuentren vida y esperanza. Y así usted estará haciendo de este mundo un mejor lugar.

Que Dios lo bendiga.

John Townsend
Newport Beach, California
2015

NOTAS

1. Howard S. Friedman y Leslie R. Martin, *The Longevity Project* (Nueva York: Hudson Street Press, 2011), p. 9.
2. Stephen Covey, 7 *Habits of Highly Successful People* (Nueva York: Simon & Schuster, 1989, 2004), pp. 102-53.
3. Henry Cloud y John Townsend, *Personas seguras* (Miami: Vida, 2004).
4. Henry Cloud y John Townsend, *Cómo sostener esa difícil conversación que ha estado evitando* (Miami: Vida, 2005).
5. Bill Hybels, *Divina insatisfacción* (Miami: Vida, 2007), p. 23.
6. David Allen, *Getting Things Done* (New York: Penguin Books, 2001). Libro Kindle, ubicación 715.
7. Henry Cloud y John Townsend, *Límites* (Miami: Vida, 2000).
8. Un artículo de millennialmarketing.com hace aquí buenos planteamientos, los cuales también se aplican a todas las edades: millennialmarketing.com/2009/11/themillennials-the-roots-of-entitlement.
9. Patrick Lencioni, *Las cinco disfunciones de un equipo: Un equipo cohesionado y eficaz* (Cali: Empresa activa, 2003).
10. Rick Warren, comunicación personal, 2010.
11. Bill Hybels, *Axioma: Poderosos proverbios del liderazgo* (Miami: Vida, 2009).

12. Hal Hershfield, investigación de NYU's Stern School of Business, «No deje de pensar acerca del futuro», *Psychology Today*, https://www.psychologytoday.com/blog/dont-delay/201403/dont-stop-thinking-about-tomorrow.

13. Henry Cloud, *9 Things You Simply Must Do to Succeed in Love and Life* (Nashville: Nelson, 2004), pp. 69-94.

14. El primero fue: Henry Cloud y John Townsend, *Límites: Cuándo decir «Sí», y cuándo decir «No». Tome el control de su vida* (Miami:Vida, 2000).

15. C. S. Lewis, *El problema del dolor* (Madrid: Rialp, 2012); a esta cita se hace amplia referencia en Internet: p. ej., http://www.proverbia.net/citasautor.asp?autor=946.

Nos agradaría recibir noticias suyas.
Por favor, envíe sus comentarios sobre este libro
a la dirección que aparece a continuación.
Muchas gracias.

Vida@zondervan.com
www.editorialvida.com